WEB DESIGN

HTML

Premessa

Il Web ha assunto un ruolo fondamentale nelle nostre vite, ha cambiato il nostro modo di vivere, di comunicare, di svolgere operazioni comuni. Considerata la sua crescita, usare il Web rende più semplice la vita infatti si prevede un aumento significativo delle professioni legate a questo mondo.

Il Web, in realtà, racchiude molteplici professioni infatti ci sono professionisti che si occupano di manutenere un server che ospita dei siti Web, altri si occupano della grafica di un sito Web, altri ancora che ne creano i contenuti, altri che si occupano di creare la struttura di un sito e curarne il suo aspetto. Ovviamente tutto questo avviene per siti molto grandi, pensiamo ad e-commerce, giornali, social network ecc.

Tutto ciò non vuol dire che creare un sito Web sia molto complesso, qualcosa di dedicato solo a persone esperte, anzi, tutto il contrario. Chiunque può imparare a creare un sito Web e non sono richieste competenze particolari, basta un buon manuale e, se necessario, qualche ricerca su Internet. Se vuoi gestire anche il server che ospiterà il tuo sito Web potresti avere qualche difficoltà in più ma esistono soluzioni semplici e a basso costo. Potresti acquistare un dominio a pochi euro da una delle tante aziende che fornisce questi servizi di hosting ed iniziare subito a costruire un sito Web. In questo modo contare anche su un supporto tecnico per eventuali problemi.

Per costruire un sito non servono software a pagamento, anzi, la maggior parte è gratuita quindi potrai scegliere in autonomia da quelli più elementari fino a quelli più complessi ed avanzati.

In ogni caso, il modo migliore per poter imparare è sperimentare, essere curiosi e non accontentarsi mai di una soluzione ma raggiungere quella che riteniamo essere la migliore, magari riadattandola in base al giudizio degli utenti. È per questo che Google nel 2009 ha testato 41 gradazioni di blu differenti per risultati di ricerca e annunci pubblicitari in Gmail quindi cerca sempre il miglior aspetto per il tuo sito e verifica che si adatti ad ogni dispositivo: pc, tablet, smartphone e recentemente anche Smart-TV.

Capitolo 1
HTML e Web

Qui spiegheremo i principi base che sono dietro al modo in cui funziona HTML, descriveremo come HTML fa funzionare le pagine ed esamineremo i grandi siti Web per coglierne suggerimenti ed individuare delle funzionalità. Infine, costruiremo piccolo sito Web per aumentare la nostra confidenza con questo linguaggio di markup e per "mettere le mani in pasta". Con un po' di conoscenza, un po' di pratica e, ovviamente, un po' di teoria, anche tu puoi costruire il tuo sito Web o continuare il lavoro che hai già intrapreso. Il modo migliore per iniziare a lavorare con l'HTML è quello di iniziare subito a creare una pagina, dopo qualche nozione fondamentale.

Le pagine Web possono contenere diversi tipi di contenuti: elementi grafici, testo, file audio e video. Questo è solo un elenco parziale infatti navigando sul Web ti imbatterai in un vero e proprio vortice di informazioni e contenuti che vengono visualizzati in vari modi. Sebbene ogni sito Web sia diverso, ognuno ha una cosa in comune: **HyperText Markup Language** (HTML). Esatto, indipendentemente dalle informazioni che una pagina Web può contenere, ogni singola pagina Web viene creata utilizzando HTML. Considera questo linguaggio come la struttura di una pagina Web; la grafica, il contenuto e altre informazioni sono i mattoni. Ma cos'è esattamente l'HTML e come funziona?

Cos'è l'HTML?

Le pagine Web non sono altro che documenti di testo, il testo è il linguaggio universale dei computer, il che significa che qualsiasi file di testo (inclusa una pagina Web) creata su un computer Windows funziona ugualmente bene su un sistema che esegue Mac OS, Linux, Unix o qualsiasi altro sistema operativo. Le pagine Web non sono semplicemente documenti di testo ma sono documenti realizzati con un testo speciale, pieno di **tag**. HTML è una raccolta di istruzioni che vengono incluse insieme al contenuto in un file di testo in chiaro che specifica l'aspetto e il comportamento della pagina.

Ricorda che si tratta di file di testo quindi puoi crearlo e modificarlo con qualsiasi editor partendo da Blocco note fino ad arrivare ad Atom. Quando inizi con HTML, un editor di testo è fondamentale e sono disponibili molti editor tra cui Notepad++, SublimeText o anche WebStorm, Eclipse, Visual Studio ecc. Basta installare e lanciare l'editor e sei pronto per creare la tua pagina. I browser Web sono stati creati appositamente allo scopo di leggere le istruzioni HTML e visualizzare la pagina risultante. Ad esempio, dai un'occhiata alla pagina Web mostrata nell'immagine seguente e crea un rapido elenco mentale di tutto ciò che vedi.

Le varietà dei funghi

I funghi sono uno dei frutti più preziosi e stravaganti del bosco e delle piante. Eccone alcune specie:

- Chiodini
- Champignon
- Finferli
- Geloni
- Lingue di bue
- Mazze di Tamburo
- Ovoli
- Pioppini
- Prataioli
- Porcini
- Prugnoli
- Rositi

I componenti di questa pagina includono un'intestazione che descrive le informazioni sulla pagina, un paragrafo di testo sulle varietà di funghi e un elenco di varietà comuni. Si noti, tuttavia, che diversi componenti della pagina hanno una formattazione e quindi un aspetto diverso l'uno dall'altro. L'intestazione nella parte superiore della pagina è più grande del testo nel paragrafo e le varietà di funghi fanno parte di un elenco puntato. Il browser sa visualizzare questi diversi componenti della pagina in modi specifici proprio grazie all'HTML, descritto di seguito:

```
<html>
 <head>
  <title>Varietà di funghi</title>
 </head>
 <body>
  <h1>Le varietà dei funghi</h1>
  <p>I funghi sono uno dei frutti più
preziosi e stravaganti del bosco e delle
piante. Eccone alcune specie:</p>
  <ul>
```

```html
      <li>Chiodini</li>
      <li>Champignon</li>
      <li>Finferli</li>
      <li>Geloni</li>
      <li>Lingue di bue</li>
      <li>Mazze di Tamburo</li>
      <li>Ovoli</li>
      <li>Pioppini</li>
      <li>Prataioli</li>
      <li>Porcini</li>
      <li>Prugnoli</li>
      <li>Rositi</li>
    </ul>
  </body>
</html>
```

Il testo racchiuso tra i segni minore di e maggiore di (<>) è HTML, spesso indicato come markup, ad esempio, il markup <p> ... </p> identifica il testo riguardo le varietà di funghi come paragrafo e il markup <li> ... </li> identifica ogni elemento nell'elenco come una varietà. Come vedi basta poco per creare una pagina HTML, basta incorporare il markup in un file di testo insieme al testo per far sapere al browser come visualizzare la pagina Web. Per ora, l'importante è capire che il markup risiede all'interno di un file di testo insieme al contenuto per dare istruzioni a un browser.

Cos'è il Web?

Le tue pagine HTML non sarebbero utili se non potessi condividerle con il resto del mondo, per fortuna ci sono i **server Web** che lo rendono possibile. Un server Web è un computer connesso a Internet, con del software installato e in grado di rispondere alle richieste di pagine dai browser Web. Quasi ogni computer può essere un server Web, incluso il computer di casa, ma, i server Web sono generalmente computer dedicati solo a questo. Se stai creando pagine per un sito Web aziendale, potresti già disporre di un server Web su cui inserirle; devi solo chiedere informazioni al sistemista IT. Tuttavia, se stai iniziando un nuovo sito per divertimento o a scopo di lucro, dovrai trovare un **host** per le tue pagine. Trovare un host economico è facile, ne esistono moltissimi e con una semplice ricerca troverai quello che cerchi.

L'ultima parte fondamentale è un **browser Web**, il quale, esegue istruzioni scritte in HTML e usa queste istruzioni per visualizzare il contenuto di una pagina Web sullo schermo. Pensala in questo modo: i documenti di Microsoft Word possono essere visualizzati al meglio utilizzando Microsoft Word. È possibile utilizzare altri programmi di elaborazione testi (o anche versioni diverse di Word) per visualizzare i documenti di Word e, per la maggior parte, i documenti sembrano praticamente uguali. Questo concetto si applica ai documenti HTML. Devi sempre scrivere il tuo HTML con l'idea che moltissime persone visualizzeranno il contenuto usando un browser Web. Nota bene che esistono più tipi di browser e ognuno è disponibile in diverse versioni. Di solito, i browser Web richiedono e visualizzano le pagine Web disponibili via Internet da un server Web, ma è anche possibile visualizzare le pagine HTML salvate sul proprio computer prima di renderle disponibili su un server Web tramite Internet. Quando stai sviluppando le tue pagine HTML, visualizzi queste pagine (chiamate **pagine locali**), nel tuo browser. Puoi utilizzare le pagine locali per avere un'idea di ciò che le persone vedranno quando la pagina verrà pubblicata su Internet.

La cosa più importante da ricordare sui browser Web è che ogni browser interpreta l'HTML a modo suo infatti lo stesso HTML non ha lo stesso aspetto da un browser all'altro. Quando lavori con HTML di base, le variazioni non sono significative, ma quando inizi a integrare altri elementi (come script e multimedia), le cose diventano un po' più complicate nonostante gli standard cerchino di rendere le interfacce sempre più uniformi.

Molte persone usano i browser per vedere dei contenuti come testo, immagini, video, layout complessi e altro ancora. Il Web, tuttavia, è usato anche da persone ipovedenti che non possono trarre vantaggio da una visualizzazione grafica quindi è necessario progettare un sito Web in modo che sia fruibile anche da chi ha questo tipo di disabilità. Dovresti sempre essere sensibile al fatto che almeno alcuni dei visualizzatori della tua pagina useranno uno **screen reader** per il tuo sito. È buona norma mettersi nei panni di un ipovedente per testare l'accessibilità del proprio sito.

Capitolo 2
Sintassi di HTML

Tutto sommato, HTML è un linguaggio molto semplice per descrivere i contenuti di una pagina Web. I suoi componenti sono facili da usare e dopo aver capito il principio, il resto è abbastanza naturale. HTML è composto da due componenti principali:

- Elementi
- Attributi

Gli elementi

Gli elementi sono al centro dell'HTML e li usi per descrivere ogni parte di testo sulla tua pagina. Gli elementi sono costituiti da tag e un elemento può avere un tag di inizio e fine o solo un tag di inizio. Contenuti come paragrafi, intestazioni, tabelle ed elenchi usano sempre una coppia di tag che seguono la stessa sintassi: <tag> … </tag> infatti come abbiamo visto nell'esempio precedente ci sono due tag per il paragrafo, uno di inizio e uno di fine. Pensa al tag iniziale come a un interruttore che dice al browser, "Il paragrafo inizia qui" - e il tag finale come a un interruttore che dice "Il paragrafo finisce qui", ovviamente, per poterli riconoscere il browser cerca il carattere / all'interno del tag.

Contenuti come immagini, interruzioni di riga, sospensioni per cambiare argomento utilizzano sempre un singolo tag come vedi nel caso di un'immagine:

```
<img src="funghi.jpg" width="100"
height="100" alt="funghi nel prato">
```

Quando il browser visualizza la pagina, sostituisce l'elemento <img> con il file a cui punta (utilizza l'attributo src per eseguire il puntamento). I tag singoli, come quello per le immagini, vengono anche detti **elementi vuoti**. Non è possibile, tuttavia, creare dei propri tag ovvero degli elementi personalizzati, se non tramite dei framework come *Angular, React* e *Vue.js* ma che esulano da questo contesto.

Molte pagine (come l'elenco dell'esempio visto in precedenza) usano combinazioni di elementi per descrivere parte della pagina. Nel caso di un elenco puntato, ad esempio, l'elemento <ul> specifica che l'elenco non è ordinato (quindi puntato) e gli elementi <li> contrassegnano ciascuna riga nell'elenco. Quando combini elementi con questo metodo (chiamato annidamento), assicurati di aver chiuso il tag dell'elemento interno prima di chiudere l'elemento esterno altrimenti potresti avere degli errori o comunque potresti non visualizzare correttamente la pagina.

Gli attributi

Gli attributi aggiungono una funzionalità ad un elemento per descriverne il contenuto o il suo funzionamento all'interno della pagina. Possiamo pensare agli attributi come l'estensione di un elemento in modo da poterlo usare in modo diverso a seconda delle circostanze. Ad esempio, l'elemento <img> utilizza l'attributo src per specificare la posizione dell'immagine che si desidera includere in un determinato punto della pagina. Gli altri attributi (come width, height) forniscono informazioni su come visualizzare l'immagine mentre l'attributo alt fornisce un'alternativa di testo all'immagine che risulta utile qualora il browser non riesca a visualizzare correttamente l'immagine.

```
<img src="funghi.jpg" width="100" height="100" alt="funghi nel prato">
```

I valori degli attributi devono sempre apparire tra virgolette, ma è possibile includere gli attributi ed i loro valori, in qualsiasi ordine all'interno del tag iniziale. Ogni elemento HTML possiede una raccolta di attributi che possono essere utilizzati con esso e non è possibile mescolare e abbinare altri attributi ed elementi. Alcuni attributi possono assumere come valore un qualsiasi testo perché il valore potrebbe essere qualsiasi cosa, come la posizione di un'immagine o di una pagina a cui vuoi collegarti. Altri hanno un elenco specifico di valori che l'attributo può assumere, come le opzioni per l'allineamento del testo in una cella di tabella. Le specifiche HTML definiscono esattamente quali attributi è possibile utilizzare con un dato elemento e quali valori (se definiti in modo esplicito) può assumere ciascun attributo.

Capitolo 3
Creare una pagina

La creazione della tua primissima pagina Web può sembrare un po' difficile, ma è sicuramente divertente e la nostra esperienza ci dice che il modo migliore per iniziare è immergersi nel codice. La creazione di documenti HTML è leggermente diversa dalla creazione di documenti di elaborazione testi in un'applicazione come Microsoft Word perché devi usare due applicazioni: fai il lavoro in una (il tuo editor di testo o di HTML) e visualizzi i risultati nell'altra (il tuo browser Web). Passare da un'applicazione ad un'altra per guardare il tuo lavoro può essere fastidioso, ma passerai come un professionista dall'editor di testo al browser e viceversa in un attimo. Per iniziare la tua prima pagina Web, hai bisogno di due cose: un editor di testo e un browser Web.

Pianificare la pagina

Puoi semplicemente iniziare a scrivere HTML senza un obiettivo ma abbiamo scoperto che alcuni minuti trascorsi a pianificare il tuo lavoro renderanno molto più semplice l'intero processo di creazione della pagina. In questo passaggio non è necessario creare un diagramma complicato o elaborare una visualizzazione grafica; basta annotare alcune idee per quello che vuoi sulla pagina e come vuoi che sia organizzato. Non devi nemmeno essere alla tua scrivania per pianificare il tuo design, puoi disegnarlo ovunque. In questo caso creiamo una breve lettera in modo da avere qualcosa di sostanziale su cui lavorare.

Il design di base per la pagina include quattro componenti fondamentali: un titolo, alcuni paragrafi che spiegano il nostro intento, un saluto e una firma.

Non dimenticare di annotare alcune note sulla combinazione di colori che desideri utilizzare sulla pagina. Per ottenere un effetto lavagna, abbiamo deciso che la nostra pagina di esempio avrà uno sfondo nero e un testo bianco, e il titolo dovrebbe essere "Saluti dal tuo caro amico".

Non appena hai definito la struttura della pagina è possibile procedere con il markup.

Scrivere il codice

Hai un paio di opzioni diverse quando sei pronto per creare il tuo HTML. Se disponi già di alcuni contenuti che desideri semplicemente descrivere con HTML, puoi salvarli come file di testo normale e aggiungere testo al loro interno. In alternativa, puoi iniziare a creare markup e aggiungere il contenuto mentre procedi. Alla fine, probabilmente userai una combinazione di entrambi. Nel nostro esempio, avevamo già un po' di testo per cominciare che era originariamente sottoforma di documento Word; abbiamo appena salvato il contenuto come file di testo e aggiunto il markup attorno ad esso. Per salvare un file Word come documento di testo, selezionare la voce *Salva con nome*. Nella finestra di dialogo che appare, scegli Solo testo (*.txt) dall'elenco a discesa per il tipo file.

```html
<!DOCTYPE html>
<html>
 <head>
 <title>Saluti da Antonio</title>
 </head>


 <body bgcolor="black" text="white">
 <h1>Caro Filippo,</h1>
 <p>è passato un po' di tempo da quando siamo venuti a trovarti in Canada e da allora non ho più avuto un attimo di tempo per scriverti. Purtroppo, sono stato molto impegnato a lavoro infatti spesso ho dovuto fare dei turni di notte e straordinario.
 </p>
```

<p>**Adesso che la situazione è migliorata sono contento di aver trovato il tempo per scriverti e mi auguro che tu stia bene.**
</p>
<p>**Tantissimi saluti da noi,**</br>
Antonio Rossi
</p>
</body>
</html>

L'HTML include una raccolta di elementi e attributi di markup che descrivono il contenuto della lettera: l'elemento <html> definisce il documento come documento HTML. L'elemento <head> crea una sezione di intestazione per il documento e l'elemento <title> al suo interno definisce un titolo del documento che verrà visualizzato nella barra del titolo del browser. L'elemento <body> contiene il testo effettivo che verrà visualizzato nella finestra del browser. Gli attributi bgcolor e text hanno effetto sull'elemento <body> per impostare il colore dello sfondo nero e il colore del testo su bianco. L'elemento <h1> contrassegna il testo *Caro Filippo,* come intestazione di primo livello. Gli elementi <p> identificano ciascuno dei paragrafi nel documento.

L'elemento <br> aggiunge un'interruzione di riga manuale dopo il testo per il saluto e prima della firma.

Dopo aver creato una pagina HTML completa, o almeno la prima parte di essa che si desidera rivedere, è necessario salvarla prima di poter visualizzare il proprio lavoro in un browser.

Salvare la pagina

Ricorda che usi un editor di testo per creare i tuoi documenti HTML e un browser Web per visualizzarli, ma prima di poter visualizzare con il browser la tua pagina HTML, devi salvare quella pagina. Quando stai solo costruendo una pagina, dovresti salvarne una copia sul tuo disco rigido locale e visualizzarla localmente con il tuo browser. Quando si salva un file sul disco rigido, tenere a mente una cosa: è necessario poterlo ritrovare in modo semplice. Il nome dovrebbe avere un senso, potresti inserire il nome della pagina, in questo caso *lettera*. Detto questo, ti consigliamo di creare una cartella da qualche parte sul tuo disco rigido in particolare per le tue pagine Web. Chiamalo *Pagine Web* o *HTML* (o qualsiasi altro nome che abbia un senso per te), e assicurati di metterlo in un posto facile da trovare. Salviamo il file dall'editor in modo da denominarlo *lettera.html*.

Visualizzare sul browser

Dopo aver salvato una copia della tua pagina, sei pronto per visualizzarla in un browser Web. Se non hai aperto ancora il browser, puoi vedere la tua pagina in due modi: puoi copiare e incollare l'indirizzo del tuo file nella barra degli indirizzi del browser oppure, in modo più semplice, fare doppio click sul file salvato. I moderni sistemi operativi, infatti, riconoscono l'estensione del file e scelgono automaticamente il programma più adatto per la visualizzazione del file stesso.

Capitolo 4
Strutturare una pagina

I documenti HTML sono costituiti da testo, immagini, file multimediali, collegamenti e altri contenuti raggruppati in un'unica pagina utilizzando elementi e attributi di markup. Puoi usare blocchi di testo per creare intestazioni, paragrafi, elenchi e altro. Il primo passo nella creazione di un documento HTML solido consiste nel porre solide basi che stabiliscano la struttura del documento. È fondamentale impostare una struttura di base del documento HTML, così come definire le macro-aree che comporranno il tuo documento.

Sebbene non ci siano due pagine HTML uguali - ognuna utilizza una combinazione unica di contenuti ed elementi per definire la pagina - ogni pagina HTML deve avere la stessa struttura di documento di base che include:

- un'istruzione che identifica il documento come documento HTML
- un'intestazione del documento
- un corpo del documento

Ogni volta che crei un documento HTML puoi iniziare con questi tre elementi; quindi puoi inserire il resto dei tuoi contenuti e markup per creare una singola pagina. Nonostante la struttura di base di un documento sia un requisito per ogni documento HTML, crearlo ripetutamente può risultare un po' monotono. La maggior parte degli editor può creare automaticamente la struttura del documento quando si crea un nuovo documento HTML. Tieni conto anche di questo aspetto nella scelta del tuo editor di testo con cui creare il sito.

Etichettare come HTML

Ogni documento HTML deve iniziare con una dichiarazione **DOCTYPE** (abbreviazione di tipo di documento) che specifica quale versione di HTML è stata utilizzata per creare il documento. Per HTML4 esistono diverse dichiarazioni possibili ma useremo lo standard più recente ovvero HTML5. La dichiarazione non è un tag HTML e si tratta di una *informazione* che istruisce il browser su quale tipo di documento aspettarsi. Per la dichiarazione del tipo non è importante la distinzione tra lettere maiuscole e minuscole pertanto è possibile usare qualsiasi tra le seguenti dichiarazioni:

```
<!DOCTYPE html>
<!DocType html>
<!Doctype html>
<!doctype html>
```

La maggior parte dei browser possono visualizzare la tua pagina anche se non usi la dichiarazione, ma altri browser potrebbero riscontrare dei problemi, quindi è sempre meglio prevenire che curare.

L'importanza di <head>

Ogni pagina HTML ha bisogno di un titolo descrittivo che aiuti un visitatore a capire a colpo d'occhio perché la pagina esiste. Il titolo della pagina dovrebbe essere conciso, ma informativo. Il titolo del documento non viene effettivamente visualizzato all'interno della finestra del browser. La maggior parte dei browser visualizza il titolo della pagina come titolo della scheda o, se è presente solo una scheda aperta, come titolo della finestra del browser.

I motori di ricerca utilizzano i contenuti del tag <title> quando elencano le pagine Web in risposta ad una ricerca. Il titolo della tua pagina potrebbe essere la prima cosa che i tuoi visitatori leggeranno sulla tua pagina Web, soprattutto se giungeranno tramite i loro motori di ricerca preferiti. Molto probabilmente la tua pagina verrà elencata (in base al titolo) con molti altri siti Web in una pagina del motore di ricerca. Con un titolo accattivante e curato è possibile attirare l'attenzione del tuo pubblico e fargli scegliere la tua pagina rispetto alle altre. Infatti, dopo aver creato ed avviato il tuo sito, devi assicurarti che il resto del mondo lo visiti. A che serve un sito se nessuno lo visita? A questo ci pensano i motori di ricerca anche detti **crawler**, che semplicemente vagano sul Web raccogliendo informazioni sulle pagine. Ogni motore di ricerca funziona in modo diverso e raccoglie informazioni diverse su una determinata pagina Web, ma in generale analizza l'URL, il titolo della pagina (dall'elemento <title>) e spesso l'intero testo della pagina. Se si fornisce al motore di ricerca l'URL di livello superiore, il motore esegue la ricerca per indicizzazione da quell'URL a tutte le pagine del sito a cui si collega e ogni pagina a cui si collegano tali pagine, in questo modo continua fino a quando non avrà inserito in un database l'intero sito. Quando qualcuno cerca delle parole chiave sul Web, il motore di ricerca confronta la sua ricerca con le informazioni del database ed elenca più in alto i risultati più rilevanti. Questo significa che il modo migliore per aiutare le persone a trovarti è assicurarsi che la tua pagina contenga del testo di qualità (e non contenuto nelle immagini perché i motori di ricerca non possono leggerlo).

È fondamentale, quindi, che le informazioni sulla tua pagina siano chiare e il più conciso possibile. Fai un passo indietro e pensa a quali termini useresti per cercare la tua pagina, e assicurati che quelle parole siano presenti nella tua homepage. Ad esempio, se stai creando un sito per un hotel, assicurati che siano presenti delle parole chiave come hotel, vacanza e magari la località.

I metadati

Il termine metadati si riferisce ad informazioni sui dati e sono usati per includere:

- parole chiave
- una descrizione della tua pagina

- informazioni sull'autore della pagina
- il software che hai usato per creare la pagina

Usa l'elemento <meta> e gli attributi name e content per definire ogni parte di metadata per la tua pagina HTML. Ad esempio, i seguenti elementi creano un elenco di parole chiave e una descrizione per un sito di un'azienda specializzata in consulenza:

```html
<!DOCTYPE html>
<html>
<head>
 <title>Azienda di consulenza</title>
 <meta name="keywords"
content="Consulenza Web, reti,
programmazione e software">
 <meta name="description"
content="Panoramica dei servizi offerti e
delle skills">
</head>
```

```
</html>
```

Anche se potresti non voler impiegare del tempo per includere i metadati nella tua pagina, assicurati di includere parole chiave e una descrizione della pagina. Questi due elementi di metadati sono i più usati dai motori di ricerca perché le parole chiave aiutano i motori a catalogare la tua pagina in modo più preciso; molti motori visualizzano la tua descrizione insieme al titolo della pagina, che offre ai potenziali visitatori più di informazioni sul tuo sito, incentivando l'utente a visitarlo.

È possibile utilizzare i metadati nell'intestazione per inviare messaggi ai browser Web su come devono visualizzare o gestire la pagina Web. Spesso l'elemento <meta> viene utilizzato in questo modo per reindirizzare automaticamente i visitatori da una pagina ad un'altra pagina. Potresti aver visto questo meccanismo con pagine che sono state *spostate* altrove. In alcune pagine ti viene indicato di attendere qualche secondo per essere indirizzato in modo automatico alla nuova posizione. Puoi utilizzare l'elemento <meta> per inviare messaggi al browser con l'attributo http-equiv al posto dell'attributo name. Esiste un elenco predefinito di valori che rappresenta le istruzioni per il browser e questi valori si basano su istruzioni che è anche possibile inviare a un browser nell'intestazione HTTP. Tuttavia, modificare l'intestazione HTTP per un documento è più difficile che incorporare le istruzioni nella stessa pagina Web. Per indicare a un browser di reindirizzare gli utenti da una pagina all'altra, utilizzare l'elemento <meta> con l'attributo http-equiv con il valore di aggiornamento (*refresh*) ed un valore per il contenuto che specifica quanti secondi prima dell'aggiornamento e quale URL si desidera raggiungere. Ad esempio, questo elemento <meta> crea un aggiornamento che passa a www.google.it dopo 5 secondi:

```
<meta http-equiv="refresh" content="5; url=
http://www.google.it/">
```

È possibile utilizzare l'attributo http-equiv con l'elemento <meta> per una varietà di altri scopi, tra cui impostare una data di scadenza per una pagina, specificare il set di caratteri (ovvero la lingua) utilizzata dalla pagina e tanto altro. Per brevità non approfondiamo questo tema ma sappi puoi utilizzare un motore di ricerca per scoprire qualcosa in più.

Creare il "corpo"

Dopo aver impostato l'intestazione della pagina, dopo aver creato un titolo e definito alcuni metadati, sei pronto per creare l'HTML e il contenuto che verranno visualizzati in una finestra del browser. L'elemento <body> contiene tutto il contenuto e il markup che non sono stati definiti nell'intestazione. In generale, se qualcosa deve essere visibile nella finestra del tuo browser, inseriscilo nell'elemento <body>.

Ecco una definizione di un blocco di testo: si tratta di una parte di contenuto che può essere racchiuso in più righe in un elemento HTML. Abbiamo già detto che il contenuto visibile della tua pagina Web deve essere racchiuso all'interno dell'elemento <body> sulla tua pagina quindi, in sostanza, la tua pagina HTML è una gigantesca raccolta di blocchi di testo. Alcuni elementi HTML sono progettati per descrivere blocchi di testo mentre altri sono progettati per descrivere alcune parole o righe di contenuto trovate all'interno di quei blocchi (come gli elementi per la formattazione del testo). HTML riconosce diversi tipi di blocchi di testo che potresti voler usare nel tuo documento, inclusi (ma non limitati a):

- Paragrafi
- Intestazioni
- Blocchi per le citazioni
- Liste
- Tabelle
- Form o moduli

Questo elenco serve per darti un'idea su quali sono etichettati come blocchi di testo in HTML.

I paragrafi vengono utilizzati maggiormente nelle pagine Web rispetto a qualsiasi altro tipo di blocco di testo. Per etichettare un paragrafo, è sufficiente posizionare il contenuto in un elemento <p>. Ecco come appare l'esempio precedente in cui abbiamo usato diversi paragrafi:

Caro Filippo,

è passato un po' di tempo da quando siamo venuti a trovarti in Canada e da allora non ho più avuto un attimo di tempo per scriverti. Purtroppo sono stato molto impegnato a lavoro infatti spesso ho dovuto fare dei turni di notte e straordinario.

Adesso che la situazione è migliorata sono contento di aver trovato il tempo per scriverti e mi auguro che tu stia bene.

Tantissimi saluti da noi,
Antonio Rossi

Questa pagina HTML include tre paragrafi, ognuno contrassegnato da un elemento <p>. La maggior parte dei browser Web aggiunge un'interruzione di riga e una riga intera di spazio bianco dopo ogni paragrafo della pagina, come mostrato nell'immagine precedente.

Le intestazioni o titoli vengono comunemente utilizzate per suddividere un documento in sezioni. Questo e-book, ad esempio, utilizza titoli e sottotitoli per dividere ogni capitolo in sezioni e puoi fare lo stesso con la tua pagina Web. Oltre a creare una struttura organizzativa, i titoli forniscono ai lettori degli indizi visivi su come sono raggruppati i diversi contenuti. HTML include sei diversi elementi per aiutarti a definire sei diversi livelli di intestazione nei tuoi documenti.

Ogni browser ha un modo diverso per visualizzare questi diversi livelli di titolo ma la maggior parte dei browser utilizza una dimensione diversa tra loro. Si parte dalle intestazioni di primo livello <h1> che sono le più grandi fino a raggiungere le intestazioni di sesto livello <h6> che sono le più piccole, passando per <h2>, <h3>, <h4>, <h5>. Nell'esempio precedente abbiamo usato solo una intestazione che è proprio l'*incipit* della nostra lettera.

In genere, i browser racchiudono qualsiasi testo che appare in elementi di blocco come paragrafi e titoli; se il testo raggiunge la fine di una finestra del browser, non si ha molto controllo su dove terminerà una riga.

Se non ti preoccupi degli spazi nel tuo contenuto, puoi sempre trasformare un paragrafo in due - ma potresti non volere la linea aggiuntiva di spazio bianco che la maggior parte dei browser include dopo ogni paragrafo. Quindi cosa possiamo fare?

Il modo migliore per specificare che hai raggiunto la fine di una riga in un paragrafo, ma non sei pronto per creare un nuovo paragrafo, è utilizzare un'interruzione di linea, indicata dall'elemento <br>. Questo tag è l'equivalente HTML del ritorno "a capo" che usi nei paragrafi e in altri blocchi di testo quando scrivi un documento. Ogni volta che un browser vede <br>, interrompe il testo e passa alla riga successiva. Se hai in mente di creare un sito per poesie, userai spesso questo elemento. Facciamo qualche esempio:

La pioggia nel pineto

Taci. Su le soglie
del bosco non odo
parole che dici
umane; ma odo
parole più nuove
che parlano gocciole e foglie
lontane.
Ascolta. Piove
dalle nuvole sparse.

Il codice necessario per creare questa pagina con una parte della poesia originale è il seguente:

```
<!DOCTYPE html>
<html>
 <head>
```

<title>**La pioggia nel pineto**</title>

</head>

<body>

<h1>**La pioggia nel pineto**</h1>

<p>**Taci. Su le soglie**

del bosco non odo

parole che dici

umane; ma odo

parole più nuove

che parlano gocciole e foglie

lontane.

Ascolta. Piove

dalle nuvole sparse.

</p>

</body>

</html>

Talvolta può risultare utile spezzare il discorso, fare una digressione, cambiare argomento pertanto è utile un elemento visivo per questo scopo.

L'elemento <hr> ti aiuta a includere delle linee rette nella tua pagina per usarle dove preferisci. Se vuoi dividere la tua pagina in sezioni logiche (o semplicemente separare le intestazioni e i piè di pagina dal resto della pagina), una linea orizzontale è una buona opzione.

Gli utenti non devono attendere il download di un questo elemento grafico perché non fa riferimento ad un'immagine. Quando includi un elemento <hr> nella tua pagina, come nel seguente HTML, il browser lo sostituisce con una riga.

La pioggia nel pineto

Taci. Su le soglie
del bosco non odo
parole che dici
umane; ma odo
parole più nuove
che parlano gocciole e foglie
lontane.
Ascolta. Piove
dalle nuvole sparse.

Il codice necessario per questa pagina è il seguente:

```html
<!DOCTYPE html>
<html>
 <head>
  <title>La pioggia nel pineto</title>
 </head>

 <body>
  <h1>La pioggia nel pineto</h1>
  <hr>
  <p>Taci. Su le soglie<br>
    del bosco non odo<br>
```

```
      parole che dici<br>
      umane; ma odo<br>
      parole più nuove<br>
      che parlano gocciole e foglie<br>
      lontane.<br>
      Ascolta. Piove<br>
      dalle nuvole sparse.
    </p>
  </body>
</html>
```

Un altro elemento importante per le nostre pagine sono le liste, ovvero, dei potenti strumenti per raggruppare elementi simili e offrire ai visitatori del sito un modo semplice per approfondire gruppi di informazioni. Puoi inserire qualsiasi cosa in un elenco: da una serie di istruzioni a una raccolta di collegamenti ipertestuali, anche una serie di immagini.

I tipi di liste più usati sono gli elenchi puntati e gli elenchi numerati e, a differenza degli altri elementi di markup che abbiamo incontrato, gli elenchi sono un po' più complessi in quanto usano una combinazione di elementi - almeno due componenti. Una componente serve al browser per definire l'inizio dell'elenco e il tipo di elenco desiderato, un'altra componente indica al browser l'inizio e la fine di ogni oggetto dell'elenco. Gli elenchi sono facili da creare dopo aver imparato ad usare le combinazioni di elementi di markup.

Iniziamo con gli elenchi numerati, essi sono composti da uno o più elementi, ciascuno preceduto da un numero. Di solito, quando gli elenchi sono numerati l'ordine degli articoli è importante. Bisogna usare l'elemento <ol> per specificare che stai creando un elenco numerato e un elemento <li> per contrassegnare ciascuna riga nell'elenco.

Questa porzione di codice definisce un elenco numerato di quattro elementi:

```html
<!DOCTYPE html>
<html>
 <head>
 <title>Lista ordinata</title>
 </head>
 <body>
 <h1>Cose da fare oggi</h1>
 <ol>
  <li>Preparare il bucato</li>
  <li>Dare il cibo al cane</li>
  <li>Fare la spesa</li>
  <li>Preparare il pranzo</li>
 </ol>
 </body>
</html>
```

Questo codice viene interpretato così dal browser:

Cose da fare oggi

1. Preparare il bucato
2. Dare il cibo al cane
3. Fare la spesa
4. Preparare il pranzo

È possibile utilizzare due diversi attributi con l'elemento <ol> per controllare la visualizzazione di un determinato elenco:

- *start*: specifica con quale numero deve iniziare l'elenco, il numero iniziale predefinito è 1, ma se si interrompe un elenco con un paragrafo o un altro elemento di blocco e si desidera recuperarlo in un secondo momento, è possibile specificare qualsiasi numero come numero iniziale per il nuovo elenco.

- *type*: specifica lo stile di numerazione dall'elenco e lo stile predefinito usa i numeri decimali. Puoi scegliere tra cinque stili di numerazione predefiniti:

- o 1: numeri decimali
- o a: lettere minuscole
- o A: lettere maiuscole
- o i: numeri romani minuscoli
- o I: numeri romani maiuscoli

Riprendendo l'esempio abbiamo visto che ha senso che queste operazioni siano in ordine perché, magari, prima di uscire di casa per fare la spesa (punto 3) si vuole preparare il bucato e dare il cibo al cane.

Se queste operazioni possono anche essere svolte in ordine diverso e l'essenziale è che vengano svolte, possiamo riadattare il nostro codice. Adesso rielaboriamo l'esempio precedente eliminando l'informazione dell'ordine degli elementi, la struttura resterà uguale ma dovremo solo cambiare un elemento ovvero passeremo da <ol> a <ul>. Il nome di tutti gli elementi deriva dall'inglese e, in genere, è l'abbreviazione di quello che si vuole creare. <ol> è l'abbreviazione di *Ordered List* ovvero lista ordinata, <ul> indica *Unordered List* ovvero lista non ordinata.

Riprendiamo l'esempio precedente eliminando l'ordine dagli elementi:

```html
<!DOCTYPE html>
<html>
 <head>
 <title>Lista ordinata</title>
 </head>
 <body>
 <h1>Cose da fare oggi</h1>
 <ul>
  <li>Preparare il bucato</li>
  <li>Dare il cibo al cane</li>
  <li>Fare la spesa</li>
  <li>Preparare il pranzo</li>
 </ul>
```

```
</body>
</html>
```

Come puoi notare la struttura è rimasta la stessa e, cambiando un solo tag, otterremo questa lista:

Cose da fare oggi

- Preparare il bucato
- Dare il cibo al cane
- Fare la spesa
- Preparare il pranzo

Le liste sono delle strutture molto flessibili e utili in diversi contesti ma hanno anche una funzione visiva importante. Gli elenchi HTML hanno la funzione di interrompere la visualizzazione "piatta" della tua pagina, aggiungendo una profondità orizzontale ad essa. Puoi fare un ulteriore passo in avanti con tali elenchi per raggruppare un gran numero di elementi correlati annidando degli elenchi, per creare delle sottocategorie per esempio. Gli elenchi annidati sono molto usati per le mappe di un sito, per creare menu all'interno di menu, per creare i sommari dei libri e tanto altro.

Capitolo 5

I link

Creare pagine interattive

I collegamenti ipertestuali anche detti **link** collegano le risorse sul Web. Quando includi un link nella tua pagina, offri agli utenti la possibilità di passare dalla tua pagina ad un'altra del Web, da qualche altra parte del tuo sito o persino da qualche altra parte nella stessa pagina. Senza collegamenti, la tua pagina è indipendente, scollegata dal resto del Web ma con i collegamenti, diventa parte di una raccolta potenzialmente illimitata di informazioni.

Per creare un collegamento ipertestuale, sono necessari tre elementi: l'indirizzo Web (chiamato Uniform Resource Locator o **URL**) a cui si desidera collegarsi; il testo nella tua pagina Web a cui agganciare il link e un tag di tipo <a>. Di solito, il testo a cui si aggancia un collegamento descrive la risorsa da collegare. Un elemento <a> serve proprio a collegare il tutto. L'elemento che usi per creare collegamenti è chiamato elemento di "ancoraggio" perché lo usi per ancorare un URL al testo sulla tua pagina. Quando un utente visualizza la tua pagina in un browser, può fare clic sul testo per attivare il collegamento e passare alla pagina di cui hai specificato l'URL nel collegamento.

Supponi di avere una pagina Web con delle ricette di cucina suddivise per portata, ingredienti o difficoltà. Potresti mostrare tutte le ricette in un'unica pagina ma essa diventerebbe molto grande comportando un caricamento lento e una difficile manutenzione della pagina stessa. Per ovviare a questo problema potresti creare un semplice elenco in base alla categoria scelta con tutti i collegamenti alle ricette che ritieni opportune per quella categoria.

Facciamo un esempio di questo tipo:

```html
<!DOCTYPE html>
<html>
 <head>
 <title>Ricette buonissime</title>
 </head>
 <body>
 <h1>Ricette di cucina</h1>
 <ul>
  <li>
  <a href="antipasti.html">ANTIPASTI</a>
  </li>
  <li>
  <a href="primi.html">PRIMI PIATTI</a>
  </li>
  <li>
```

```html
    <a href="secondi.html">SECONDI
PIATTI</a>
  </li>
  <li>
   <a href="contorni.html">CONTORNI</a>
  </li>
  <li>
   <a href="dolci.html">DOLCI</a>
  </li>
  <li>
   <a href="unici.html">PIATTI UNICI</a>
  </li>
 </ul>
 </body>
</html>
```

Il risultato sarà un elenco di collegamenti come questo:

Ricette di cucina

- ANTIPASTI
- PRIMI PIATTI
- SECONDI PIATTI
- CONTORNI
- DOLCI
- PIATTI UNICI

Nel codice di questo esempio abbiamo usato più elementi <a> con l'attributo href che, consente di effettuare il collegamento con la pagina a cui vogliamo puntare. Con questo tipo di elemento puoi creare un link con una grande varietà di risorse online. Puoi creare collegamenti ad altre pagine HTML (sul tuo sito Web o su un altro sito Web), creare collegamenti a posizioni diverse nella stessa pagina HTML o a risorse che non sono nemmeno pagine HTML (come indirizzi e-mail, immagini e file di testo).

Il tipo di collegamento che si crea dipende dal link: un collegamento assoluto utilizza un **URL**

assoluto per connettere i browser a una pagina Web o risorsa online esterna. I collegamenti che utilizzano un URL assoluto per puntare a una risorsa sono etichettati come assoluti perché forniscono un puntamento completo ed autonomo ad un'altra risorsa Web. Quando si collega a una pagina su un sito Web esterno, il browser Web necessita di tutte le informazioni nell'URL per consentirgli di trovare la pagina. Il browser inizia dal dominio nell'URL e si fa strada attraverso il percorso per raggiungere un file specifico. Quando si collega a file sul sito di qualcun altro, è sempre necessario utilizzare URL assoluti nell'attributo href dell'elemento <a>. Un collegamento relativo utilizza un **URL relativo** alla risorsa a cui si sta puntando. Si creano collegamenti relativi tra risorse nello stesso dominio proprio per questo, è possibile omettere le informazioni sul dominio dall'URL. Un URL relativo utilizza la posizione della risorsa da cui si sta collegando per identificare la posizione della risorsa a cui ci si sta collegando.

Per la nostra pagina del sito di ricette abbiamo utilizzato tutti URL relativi perché ci saranno altre sezioni del sito Web a cui facciamo riferimento.

```
<a href="primi.html">PRIMI PIATTI</a>
```

Quando un browser rileva questo tipo di collegamenti e rileva che il collegamento non include un nome di dominio, il browser presuppone che il collegamento sia relativo ed utilizza il dominio ed il percorso della pagina di collegamento http://www.iltuosito.it come guida per trovare la pagina collegata primi.html.

Man mano che il tuo sito diventa più complesso e organizzi i tuoi file in una varietà di cartelle, puoi comunque utilizzare i collegamenti relativi. Tuttavia, devi fornire alcune informazioni aggiuntive nell'URL per aiutare il browser a trovare i file che non sono memorizzati nella stessa directory del file da cui stai effettuando il collegamento. Devi utilizzare il prefisso "../" (due punti e una barra) prima del nome del file per indicare che il browser dovrebbe salire di un livello nella struttura della directory. In questo modo indichi al browser di spostarsi alla cartella superiore dalla cartella in cui è archiviato il documento con il link, deve accedere alla cartella chiamata *categorie* e quindi trovare un file chiamato *primi.html*.

Il markup per questo processo è simile al seguente:

```
<a     href="../categorie/primi.html">PRIMI PIATTI</a>
```

Quando crei un collegamento relativo, la posizione del file a cui vuoi puntare è sempre relativa al file da cui stai puntando. Tuttavia, alcuni editor avanzati dispongono della funzionalità di auto-completamento in modo da suggerirti in base a quello che scrivi quello che potresti cercare. Con questa funzionalità non devi preoccuparti di chiudere tag o virgolette, di cercare la pagina con il percorso corretto, perché l'editor se ne occuperà per te.

Ogni sito, pagina, immagine o altra risorsa sul Web ha un proprio URL univoco e, purtroppo, basta una lettera errata nel tuo URL per creare un link non funzionante. I collegamenti errati portano a una pagina di errore quindi per creare gli URL bisogna prestare molta attenzione se non vuoi rischiare di avere URL non funzionanti anche detti **broken link**. Se hai un URL che non funziona, prova queste tattiche per risolvere il problema:

- Controlla maiuscole/minuscole
- Controlla l'estensione
- Controlla il nome del file
- Copia e incolla l'URL funzionante

Alcuni server Web, in particolare Linux e Unix, fanno distinzione tra maiuscole e minuscole. Pertanto, i server trattano i file *Pagina.html* e *pagina.html* come due file diversi sul server Web. Ciò significa anche che i browser devono utilizzare lettere maiuscole e minuscole quando necessario. Assicurati di rispettare le lettere maiuscole e minuscole nell'URL che stai utilizzando e che funzioni in un browser Web.

Presta attenzione all'estensione del file, se punti ad un'immagine *JPEG*, ad esempio, devi assicurarti che l'estensione sia corretta poiché è possibile avere *.jpg* o *.jpeg*.

Ad ogni modo, per evitare tutti questi problemi, soprattutto con URL assoluti puoi semplicemente copiare e incollare l'URL all'interno dell'attributo href.

Qualcosa in più

Puoi andare oltre un semplice link quando ti colleghi ad altre pagine Web: puoi creare collegamenti che indirizzino i browser ad aprire documenti in nuove finestre, collegamenti a posizioni specifiche all'interno di una pagina Web e collegamenti ad elementi diversi dalle pagine HTML, come PDF, file compressi, documenti di elaborazione testi e tanto altro.

Il Web funziona perché è possibile collegare pagine del proprio sito Web a pagine di siti Web di altre persone con la semplice aggiunta di un elemento <a>. Tuttavia, quando ti colleghi al sito di qualcun altro, stai inviando gli utenti fuori dal tuo sito e non hai alcuna garanzia che possano tornare indietro, perdendo visitatori. Un approccio sempre più comune per collegare gli utenti ad altri siti senza "perderli" consiste nell'utilizzare HTML che indica al browser di aprire la pagina collegata in una nuova finestra. Questo è possibile tramite l'aggiunta dell'attributo target all'elemento <a>, così il browser non aprirà il link nella finestra corrente ma in una nuova.

```
<a href="www.piatti.it"
target="_blank">Scopri la nuova
collezione di piatti</a>
```

Questa tecnica è davvero ottima infatti puoi collegarti a una risorsa che non è nel tuo sito senza realmente mandare i tuoi utenti fuori dal sito. Tuttavia, quando una nuova finestra viene visualizzata sullo schermo di un utente, può provocare fastidio quindi usa questa tecnica con cura e parsimonia, altrimenti i tuoi utenti non visiteranno più il tuo sito. Un esempio di questo tipo avviene con le pubblicità, infatti, sempre più siti la incorporano e qualcuno esagera, mostrando più pubblicità che si aprono in nuove finestre. Questo approccio risulta controproducente perché distoglie l'attenzione del visitatore dai contenuti che cerca e quindi, probabilmente, non visiterà più il sito.

Per creare dei link efficaci è possibile rimandare direttamente ad una sezione del sito, probabilmente hai già incontrato questo tipo di link quando hai raggiunto la fine di una pagina e hai trovato un pulsante con scritto "Torna all'inizio". Questo non è l'unico caso in cui ti può tornare utile un collegamento all'interno della stessa pagina. Immagina una pagina Wikipedia riguardo un attore, di solito è presente una biografia, qualcosa sulla sua vita privata, filmografia, premi e nomination. Immaginiamo di leggere l'introduzione e di voler saltare direttamente alla biografia, ti basterà un click per farlo. Creiamo una nostra pagina in stile Wikipedia:

Tom Cruise

* Biografia
* Vita privata
* Filmografia
* Premi e nomination

Biografia

Nacque il 3 luglio 1962 a Syracuse, New York, figlio di Mary Lee Pfeiffer, un'insegnante di educazione fisica, e di Thomas Cruise Mapother III, un ingegnere elettronico morto di cancro nel 1984; i suoi genitori divorziarono quando lui aveva 11 anni.

Vita privata

Per verificare il funzionamento dei link creati ti consiglio ti ridurre le dimensioni della finestra del browser in modo che si abiliti lo scorrimento. In questo modo cliccando su un link il browser si posizionerà esattamente sulla porzione che ti interessa.

Ecco il codice della pagina:

```html
<!DOCTYPE html>
<html>
 <head>
 <title>Tom Cruise</title>
 </head>
 <body>
  <h1>Tom Cruise</h1>
  <ul>
   <li>
    <a href="#biografia">Biografia</a>
   </li>
   <li>
    <a href="#vita_privata">Vita privata</a>
   </li>
   <li>
    <a href="#filmografia">Filmografia</a>
   </li>
   <li>
    <a href="#premi">Premi e nomination</a>
   </li>
```

</ul>
<div id="biografia">
  <h2>**Biografia**</h2>
  <p>**Nacque il 3 luglio 1962 a Syracuse, New York, figlio di Mary Lee Pfeiffer, un'insegnante di educazione fisica, e di Thomas Cruise Mapother III, un ingegnere elettronico morto di cancro nel 1984; i suoi genitori divorziarono quando lui aveva 11 anni.**</p>
</div>
<div id="vita_privata">
  <h2>**Vita privata**</h2>
  <p>**Il 9 maggio 1987 si sposò una prima volta con l'attrice Mimi Rogers. Seguace della religione di Scientology, è molto probabile che fu proprio Rogers a convincere il consorte ad aderire a questo credo, scelta questa che Cruise confermò anche dopo il divorzio, avvenuto il 4 febbraio del 1990.**</p>

</div>
<div id="filmografia">
  <h2>Filmografia</h2>
  <ul>
    <li>Top Gun: Maverick, regia di Joseph Kosinski (2020)</li>
    <li>Mission: Impossible - Fallout, regia di Christopher McQuarrie (2018)</li>
  </ul>
</div>
<div id="premi">
  <h2>Premi e nomination</h2>
  <ul>
    <li>2000 - Miglior attore non protagonista per Magnolia</li>
    <li>1997 - Miglior attore in un film commedia o musicale per Jerry Maguire</li>
  </ul>
</div>
</body>

</html>

Come puoi notare sono tutti elementi che conosciamo già, l'unica novità consiste nell'attributo id che ci consente di agganciare un link all'interno della stessa pagina. Il funzionamento è lo stesso anche se vuoi creare un link ad una sezione di un altro sito, basterà trovare un id ed il gioco è fatto. Modifichiamo la nostra pagina per puntare alla biografia di Wikipedia per esempio:

```
<a href="https://it.wikipedia.org/wiki/Tom_Cruise#Biografia">Biografia</a>
```

Poiché devi definire un punto a cui "ancorarti" prima di poterti collegare ad esso, scoprirai che i link di questo tipo funzionano al meglio sul tuo sito dove tu stesso crei e controlli il markup. Tuttavia, se ti capita di sapere che una pagina sul sito di qualcun altro ha già dei punti contrassegnati, puoi usare un URL assoluto per puntare a quel punto come abbiamo fatto per la biografia di Wikipedia.

Attenzione, usa con cautela questa tecnica! Quando si creano dei link a sezioni sul sito Web di qualcun altro, non hai il controllo del loro sito. Non sai se e quando qualcuno rielaborerà il markup e il contenuto di una pagina quindi i collegamenti si interromperanno se il progettista del sito rimuovesse l'id che hai usato. Assicurati di controllare regolarmente tutti i tuoi link per rilevare ed eventualmente correggere i collegamenti interrotti.

Un altro utilizzo importante per l'elemento <a> riguarda il link a un indirizzo e-mail, così come si può creare un link ad un'immagine, un pdf ecc. È fondamentale usare il prefisso mailto:, per assicurarsi che il browser possa interpretarlo nel modo corretto:

```
<p>Inviaci un <a
href="mailto:pippo@gmail.com">feedback
</a>!</p>
```

Questo modo è davvero utile perché permette di aprire l'applicazione di default del dispositivo o, se non impostata, consente di far scegliere all'utente con quale applicazione scrivere l'e-mail. Serve per aiutare gli utenti ad inviarti e-mail per una richiesta o un problema, soprattutto in ambito mobile è davvero utile per raccogliere feedback o segnalazioni.

Anche se questo modo sembra fantastico, purtroppo non è tutto oro quel che luccica infatti i collegamenti mailto contenuti in una pagina Web sono una delle principali fonti di indirizzi e-mail per i sistemi di spam. Se scegli di utilizzare un collegamento e-mail per consentire agli utenti di contattarti, prendi in considerazione la creazione di un indirizzo e-mail dedicato soltanto ai feedback o alle richieste del sito. Puoi separare i messaggi che ricevi a questo indirizzo dalla tua posta personale o di altro tipo, in modo da poter filtrare più facilmente la posta indesiderata.

Bisogna prestare attenzione al design del sito anche detto **UI** (User Interface) in modo da offrire agli utenti tutti gli strumenti di cui hanno bisogno per spostarsi sul tuo sito con il minimo sforzo. Per navigare molto probabilmente userai degli elementi <a>. Se il tuo sito è difficile da navigare, pieno di testo che lampeggia e con colori stravaganti, probabilmente i tuoi visitatori non vi accederanno più di una volta. Al contrario, se la navigazione del tuo sito è intuitiva, usi immagini e contenuti multimediali per accentuare il tuo design senza essere eccessivo, fai tutto il possibile per aiutare il visitatore ad individuare le informazioni che sta cercando, allora avrai creato un'interfaccia utente solida e hai più chance di ottenere visitatori "abituali".

Le immagini

Sebbene tempo fa il Web fosse un luogo pieno di testo in cui le immagini ricoprivano solo un ruolo di supporto, oggi le cose sono molto diverse. I progettisti di pagine Web usano il testo e le immagini allo stesso modo per fornire informazioni importanti, guidare l'utente nel sito e, naturalmente, contribuiscono al design generale di una pagina. Le immagini sono un'arma potente nel tuo arsenale di progettazione Web, ma devi usarle con cura e in modo corretto o rischi di ridurne l'efficacia. Se usate bene, infatti, le immagini sono un elemento chiave del design della vostra pagina. Se usate male, possono rendere la tua pagina illeggibile, inaccessibile o troppo pesante.

Una domanda ricorrente per le immagini riguarda il formato corretto da scegliere.

Approfondiamo questo aspetto per capirne qualcosa in più.

Il formato giusto

Esistono molti modi diversi per creare e salvare le immagini, ma se sono dedicate al Web sono necessari alcuni passaggi intermedi. Quando lavori per creare immagini compatibili con il Web, devi tenere conto di due fattori: il **formato** del file e la **dimensione** del file. Innanzitutto, è necessario creare immagini che chiunque possa visualizzare, con qualsiasi browser e (quasi) con qualsiasi versione del browser. Ciò significa che è necessario utilizzare formati di file che possano essere visualizzati sia da utenti Windows, Mac OS, Linux così come da smartphone e tablet. Questo non è un aspetto banale perché esistono sempre nuovi formati con compressioni migliori ma non compatibili con tutti i dispositivi ad esempio il formato *webP* che è compatibile solo con Google Chrome.

Escludendo i formati non compatibili riusciamo a trovarne solo 4 appropriati al nostro scopo:

- JPEG
- PNG
- GIF
- SVG

JPEG è un formato di file che supporta colori a 24 bit (milioni di colori) e di conseguenza immagini più complesse, come le fotografie. JPEG è sia multipiattaforma che indipendente dall'applicazione, così come GIF. Offre un tipo di compressione per rendere le immagini più piccole e un buon strumento di modifica delle immagini che può aiutarti a modificare il livello di compressione che usi in modo da poter trovare il bilanciamento ottimale tra qualità dell'immagine e dimensione dell'immagine stessa. Un'immagine troppo piccola sarebbe perfetta per la velocità della nostra pagina ma non sarebbe gradevole ai nostri utenti perché sgranata.

PNG ti permette di avere immagini con milioni di colori - proprio come JPEG - ma offre anche la possibilità di preservare la trasparenza. Poiché PNG è un tipo di file in formato **lossless** (senza perdita di qualità), è probabile che si ottengano file di dimensioni maggiori, ma se la qualità dell'immagine è più importante della dimensione del file, PNG è l'opzione migliore. Esistono comunque dei software o siti Web come TinyPNG.com che possono spesso fare una grande differenza per le dimensioni del file.

Il formato GIF è un tipo di formato che, a differenza di JPEG o PNG, è limitato ad una tavolozza massima di 256 colori. In sostanza ogni immagine GIF contiene una "scatola di colori" preimpostata e non c'è modo di mescolare veramente quei colori per crearne di nuovi. Nonostante 256 colori potrebbero sembrare molti con cui lavorare, le fotografie complesse hanno in genere molte migliaia di colori. Immagina di dover dipingere un tramonto con pochi colori e senza creare sfumature, il risultato potrebbe non essere molto gradevole. Questa gamma di colori viene persa durante il processo di conversione GIF e questo è il motivo principale per cui non bisogna utilizzare GIF per le foto a colori. Quel limite di 256 colori, però, può aiutare a mantenere ridotte le dimensioni dei file, che è utile anche per le connessioni ad Internet più lente. GIF è molto usato le animazioni semplici, piccole icone e immagini con pochi colori come loghi e bandiere.

SVG è un formato **vettoriale** che sta diventando un'opzione attraente per i progettisti di Web e UI. SVG è completamente diverso dagli altri formati di immagine che abbiamo elencato infatti è adatto alla visualizzazione di loghi, icone, mappe, bandiere, grafici e altri elementi grafici creati in applicazioni di grafica vettoriale come Illustrator, Sketch e Inkscape. Si tratta di un file scritto in un markup basato su XML, infatti, può essere modificato in qualsiasi editor di testo e modificato da JavaScript o CSS. Poiché i vettori possono essere ridimensionati in qualsiasi dimensione mantenendo la qualità dell'immagine nitida, sono ideali per un design reattivo e che si adatti facilmente ad ogni dimensione dello schermo senza perdere qualità.

Immagini in pagina

Dopo aver creato un'immagine, averla ottimizzata con il formato appropriato, è necessario utilizzare il markup corretto per assicurarsi che l'immagine venga aggiunta alla pagina. L'elemento <img> è un **elemento vuoto**, a volte chiamato **tag singleton**, che posizioni nella pagina proprio dove desideri che l'immagine venga posizionata. Un elemento vuoto ha solo un tag di apertura e nessun tag di chiusura.

```
<img src="paesaggio.jpg">
```

L'attributo src è molto simile all'attributo href che usi con un elemento <a>. L'attributo src specifica l'URL per l'immagine che si desidera visualizzare sulla pagina. L'esempio precedente punta a un file di immagine che si trova nella stessa cartella del file HTML a cui fa riferimento, quindi l'URL è relativo. Scoprirai che la maggior parte dei tuoi collegamenti alle immagini sono relativi solo perché di solito i file di immagini sono memorizzati sul tuo sito. Ricorda di creare collegamenti relativi tra risorse (come una pagina Web e le immagini) se si trovano sullo stesso sito Web.

Esistono tre validi motivi per collegare le immagini al tuo sito:

- Quando le immagini vengono archiviate sul tuo sito, hai il controllo completo su di esse. Sai che non spariranno, non cambieranno e puoi lavorare per ottimizzarle;
- Se ti colleghi ad immagini sul sito di qualcun altro, quel sito potrebbe avere un problema o essere incredibilmente lento e tu non avresti alcun controllo;

- Se ti colleghi ad immagini sul sito di qualcun altro, si potrebbero violare i diritti relativi al copyright e questo è illegale.

A questo punto introduciamo un attributo fondamentale non solo per noi ma anche per gli ipovedenti che comunque possono consultare i siti Web. Sebbene la maggior parte dei tuoi utenti vedrà le tue immagini, dovresti sempre essere preparato per coloro che non lo faranno. HTML richiede che tu fornisca un testo alternativo che descriva ogni immagine della tua pagina. Utilizza l'attributo alt con l'elemento <img> per aggiungere queste informazioni al markup.

```
<img src="paesaggio.jpg" alt="panorama delle colline toscane">
```

In genere ogni sito Web viene analizzato da un **crawler** ovvero un software che esamina il testo, la struttura e molto altro per conto dei motori di ricerca. Questo è fondamentale per l'ottimizzazione dei contenuti anche detto **SEO**, infatti, i motori di ricerca promuovono i siti strutturati meglio posizionandoli nelle prime posizioni. Purtroppo, i crawler non possono "vedere" le immagini poiché si tratta di software e, per svolgere al meglio il proprio lavoro, si affidano anche all'attributo alt.

Sino ad ora abbiamo visto come si include un'immagine, ma cosa sappiamo riguardo le dimensioni?

Puoi utilizzare gli attributi width e height con l'elemento <img> per far sapere al browser quanto deve essere larga e alta un'immagine. Il valore è espresso in **pixel** ovvero la più piccola unità della superficie di un'immagine digitale. Un insieme di pixel, accostati tra loro, formano una griglia di pixel ovvero un'immagine.

```html
<img src="paesaggio.jpg" alt="panorama delle colline toscane" width="640" height="480">
```

In questo caso abbiamo deciso di mostrare un'immagine 640x480 pixels a prescindere da quali siano effettivamente le dimensioni dell'immagine. I browser, in genere, visualizzano prima il testo ed inseriscono le immagini non appena disponibili. Con questi attributi istruisci il browser su quanto deve essere grande l'immagine in modo che possa riservare posto sufficiente sul display. Questa tecnica rende il passaggio molto più agevole per l'utente in quanto il contenuto testuale è già fissato e non si sposta quando viene inserita l'immagine.

Qualsiasi programma di modifica delle immagini, persino i visualizzatori di immagini integrati nei sistemi operativi visualizzano le informazioni sulla larghezza e altezza di un'immagine in pixel. Puoi visualizzare le proprietà dell'immagine in tutti i sistemi operativi accedendo alle proprietà del file tramite click sul tasto destro.

La bellezza di HTML consiste nel combinare elementi in modo semplice infatti è possibile creare delle immagini che "nascondono" dei link in modo molto semplice. A questo proposito riprendiamo il nostro sito di ricette di cucina che avevamo creato con un elenco di link. Adesso diventerà un insieme di immagini con un link al loro interno, ti accorgi che c'è un link nascosto su un elemento perché cambia la forma del puntatore.

Al tag <a> aggiungiamo un semplice tag <img> che contiene il riferimento all'immagine e poco altro:

<!DOCTYPE html>

```html
<html>
<head>
<title>Ricette buonissime</title>
</head>
<body>
<h1>Ricette di cucina</h1>
<ul>
<li>
 <a href="antipasti.html">
  <img src="antipasti.jpg" alt="antipasto all'italiana" height="72" width="108">
 </a>
</li>
<li>
 <a href="primi.html">
  <img src="primi.jpg" alt="piatto di pasta" height="72" width="108">
 </a>
</li>
<li>
 <a href="secondi.html">
```

```
<img src="secondi.jpg" alt="bistecca di carne" height="72" width="108">
  </a>
 </li>
 <li>
  <a href="contorni.html">
   <img src="contorni.jpg" alt="contorno di patate" height="72" width="108">
  </a>
 </li>
 <li>
  <a href="dolci.html">
   <img src="dolce.jpg" alt="torta al cioccolato" height="72" width="108">
  </a>
 </li>
 <li>
  <a href="unici.html">
   <img src="piatto_unico.jpg" alt="piatto unico con pasta e pesce" height="72" width="108">
```

```
</a>
</li>
</ul>
</body>
</html>
```

Adesso che abbiamo modificato la nostra pagina, possiamo vederla nel browser:

Ricette di cucina

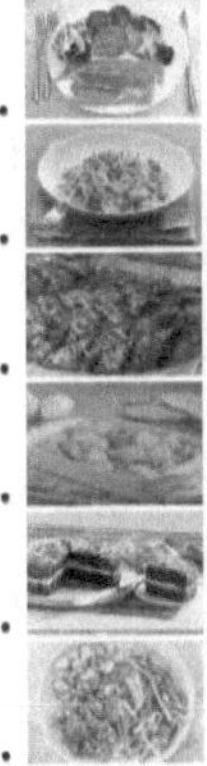

Precedentemente abbiamo posto l'attenzione sulla trasparenza infatti le immagini trasparenti sono elementi grafici salvati nel formato file GIF o PNG (ma non JPEG) in cui un colore nell'immagine è trasparente. L'immagine con trasparenza mostrerà il colore dello sfondo su cui viene posizionata. La trasparenza aiuta le immagini ad integrarsi in una pagina, ma la creazione di immagini trasparenti ha comunque i suoi svantaggi: sebbene sia possibile impostare diversi colori in un'immagine PNG in modo che siano trasparenti, è possibile selezionare un solo colore in una GIF. Quasi tutti i software di modifica delle immagini, da quelli gratuiti a quelli commerciali, hanno delle funzionalità per la creazione di immagini trasparenti. Cerca nella guida o nella documentazione del tuo strumento preferito per scoprire come utilizzare la funzione di trasparenza. Inoltre, poiché le immagini trasparenti sono solo normali file di immagini, si utilizza l'elemento

<img> per fare riferimento anche ad esse nelle pagine HTML.

La trasparenza funziona in modo ottimale quando non ci sono molti colori, quindi c'è meno ombreggiatura con cui lavorare. Se hai immagini complesse che desideri fondere con lo sfondo della tua pagina, considera l'uso dello stesso sfondo tra immagini e sito Web.

Quali immagini usare?

Naturalmente, se si desidera utilizzare le immagini nelle pagine Web, è necessaria una fonte per tutte quelle immagini. Anche se non sei un artista o fotografo di professione, ciò non significa che non puoi acquisire immagini di qualità senza spendere molto per farlo. Sono disponibili diverse opzioni per immagini a prezzi ragionevoli, alcune anche gratuite:

- https://pixabay.com/
- https://unsplash.com/
- https://www.pexels.com/
- https://it.freeimages.com/

Questo dipende molto dalla qualità e dallo scopo che vuoi raggiungere, ovviamente potrebbe crearsi un sito non coerente, soprattutto se usi delle icone con stile diverso. Ecco perché potresti considerare di commissionare lo stile ad un grafico per creare un sito coerente in ogni parte e assicurati sempre di ottenere copie in formato digitale, preferibilmente in diversi formati e dimensioni. Assicurati di avere tutti i diritti sulle immagini in modo da non incorrere in problemi legali.

Conclusione

Abbiamo assistito e stiamo assistendo all'evoluzione continua del Web e HTML ha svolto un ruolo fondamentale costituendo la base di ogni sito Web. Avvolto dalla sua semplicità, dalla semplice idea di costruire una pagina interattiva integrando degli elementi al contenuto della pagina stessa. Per un sito Web di successo la tecnologia, però, non basta. È fondamentale concentrarsi su contenuti di qualità, usare immagini valide, che forniscano informazioni e non solo per riempire lo schermo.

Per guadagnare la fiducia dei tuoi utenti e conservarla, il contenuto della pagina è fondamentale. Se non hai contenuti forti, solidi e informativi, gli utenti avranno l'impressione che tutto il sito è spoglio e presto ne cercheranno un altro alla ricerca di contenuti più interessanti e, magari, strutturati meglio.

Evita gli orpelli e contenuti scadenti, la guida per lo sviluppo deve essere "I tag sono importanti, ma ciò che è tra i tag è ciò che conta davvero".

Fornire agli utenti una roadmap chiara e guidarli attraverso i tuoi contenuti è importante sia per una singola homepage che per un'enciclopedia online. Quando i documenti più lunghi o più complessi diventano un sito Web completo, una roadmap diventa ancora più importante. Questa mappa prende idealmente la forma di un diagramma di flusso che mostra l'organizzazione della pagina ed i suoi collegamenti. Ti consiglio di non iniziare a scrivere contenuti o posizionare tag fino a quando non capisci cosa vuoi dire e come vuoi organizzare il tuo materiale. Inizia a costruire il tuo documento HTML o la raccolta di documenti con carta e matita, disegna le relazioni all'interno del contenuto e tra le tue pagine e, ricorda, che i buoni contenuti provengono da una buona organizzazione.

CSS

Premessa

Quando visiti un sito Web la prima impressione è data dall'impatto visivo, si tratta di pochi secondi ma fondamentali affinché l'utente non cambi pagina. Se il sito ha un aspetto obsoleto o poco attraente, i visitatori avranno un'impressione negativa dell'intera attività e magari cercheranno un concorrente. Una buona impressione data dal sito induce il cliente a restare sulla pagina ma è altrettanto importante avere dei buoni contenuti affinché il sito risulti utile ed interessante.

Anche i colori di un sito rispecchiano l'attività infatti un sito Web luminoso, moderno e invitante farà sentire a proprio agio il visitatore dando l'idea di essere un'azienda aperta ed accogliente per i nuovi visitatori. Un sito obsoleto o con colori molto cupi comunicano una certa freddezza nei confronti del cliente quindi una sensazione non proprio piacevole. Per la grafica di un sito Web, oltre a buoni contenuti grafici, servono competenze in CSS.

Le competenze grafiche con CSS non sono relegate soltanto a grafici di professione infatti chiunque può imparare a creare una pagina Web applicando lo stile che preferisce. Vedrai come è semplice nel corso di questo ebook.

Questo non è un ebook convenzionale con moltissima teoria e poca pratica infatti a partire dalla prossima pagina ci tufferemo nel codice, esplorando il più possibile le funzionalità di CSS. Coniugheremo la pratica con la teoria e non viceversa, infatti l'unico requisito è la conoscenza di HTML. Se conosci HTML sarà più facile integrare il codice CSS in quanto sai già cosa è un tag, come si struttura una pagina ecc.

Avventuriamoci in questo viaggio, ti consiglio di usare un editor di testo o un IDE se sai già di cosa si tratta. Per vedere il risultato del codice che mostreremo nel corso dell'ebook dovrai semplicemente creare un file con estensione *.html* o *.css*, salvarlo e aprire la pagina creata nel browser. A seconda del browser scelto potresti avere un risultato diverso, pertanto, ti consigliamo di usare Google Chrome o Mozilla Firefox in una delle loro ultime versioni.

Capitolo 1

Le basi

Fogli di stile esterni

Esistono diversi modi per importare un foglio di stile CSS all'interno di un file HTML: vediamo come.

Un foglio di stile CSS esterno può essere applicato a qualsiasi numero di documenti HTML posizionando un elemento <link> in ciascun documento HTML.

L'attributo rel del tag <link> deve essere impostato su "stylesheet" e l'attributo href deve contenere il percorso relativo o assoluto del foglio di stile. Sebbene l'utilizzo di percorsi URL relativi sia generalmente considerato una buona pratica, è possibile utilizzare anche percorsi assoluti. In HTML5 l'attributo type può essere omesso. Si consiglia di posizionare il tag <link> nel tag <head> del file HTML in modo che gli stili vengano caricati prima degli elementi che li utilizzano. Caricando il file CSS fuori dal tag <head>, gli utenti vedranno per un lampo di tempo il contenuto della pagina senza alcuno stile.

Creiamo una pagina HTML simile a questa:

```
<!DOCTYPE html>
<html>
<head>
 <meta charset="utf-8" />
 <link rel="stylesheet" type="text/css"
href="style.css">
</head>
<body>
 <h1>Ciao a tutti!</h1>
 <p>Sto imparando ad usare CSS</p>
</body>
```

```
</html>
```

Creiamo nella stessa cartella un file di nome *style* con estensione *.css*:

```css
h1 {
 color: green;
 text-decoration: underline;
}


p {
 font-size: 25px;
 font-family: 'Trebuchet MS', sans-serif;
}
```

Assicurati di includere il percorso corretto per il tuo file CSS nell'attributo href. Se il file CSS si trova nella stessa cartella del file HTML, non è richiesto alcun percorso (come nell'esempio sopra) ma se è salvato in una cartella diversa, è necessario specificarlo in questo modo href = "cartella/style.css".

```
<link rel="stylesheet" type="text/css" href="cartella/style.css">
```

I fogli di stile esterni sono considerati il modo migliore per gestire il tuo CSS. C'è una ragione molto semplice per questo: assumiamo che tu gestisca un sito composto da molte pagine, 100 ad esempio, tutte controllate da un singolo foglio di stile. Nel momento in cui vuoi cambiare i colori dei tuoi collegamenti da blu a verde, è molto più facile modificare il tuo unico file CSS e lasciare che le modifiche siano propagate **a cascata** in tutte le 100 pagine rispetto a modificarle singolarmente una alla volta. Inoltre, se vuoi cambiare completamente l'aspetto del tuo sito web, devi solo aggiornare il file CSS.

È possibile caricare tutti i file CSS di cui hai bisogno in una pagina HTML in questo modo:

```html
<link rel="stylesheet" type="text/css" href="principale.css">

<link rel="stylesheet" type="text/css" href="testi.css">
```

Ma in questo caso come vengono applicate le regole? Gli stili CSS vengono applicati seguendo delle regole di base e, in particolar modo, seguendo un ordine. Ad esempio, se hai un file *principale.css* simile a questo:

```css
p.verde { color: green; }
```

Tutti i tuoi paragrafi con la classe verde saranno scritti in verde chiaro, ma puoi sovrascriverlo con un altro file *.css* semplicemente includendolo dopo *principale.css*. Potresti avere *testi.css* con il seguente codice che viene caricato successivamente:

```
p.verde { color: darkgreen; }
```

Ora tutti i tuoi paragrafi con la classe verde saranno scritti con un colore verde scuro al posto del verde classico.

Ma come usa i file CSS il browser? Quando qualcuno visita il tuo sito Web per la prima volta, il browser scarica l'HTML della pagina corrente oltre al file CSS collegato. Quindi, quando accedono a un'altra pagina, il loro browser deve solo scaricare l'HTML di quella pagina perché il file CSS è memorizzato nella cache, quindi non è necessario scaricarlo di nuovo. Poiché i browser memorizzano nella cache il foglio di stile esterno, le pagine hanno tempi di caricamento ridotti.

Fogli di stile interni

I CSS racchiusi tra tag <style></style> all'interno di un documento HTML funzionano come un foglio di stile esterno, escluso il fatto che il codice risiede nel documento HTML invece di essere in un file separato. In questo modo quelle regole di stile non possono essere riusate ma verranno applicate solo al documento in cui sono definite. Nota bene che questa definizione deve trovarsi all'interno dell'elemento <head> per la convalida HTML.

```
<!DOCTYPE html>
<html>
<head>
<style>
h1 {
 color: green;
 text-decoration: underline;
}
```

```css
p {
 font-size: 25px;
 font-family: 'Trebuchet MS', sans-serif;
}
</style>
</head>
<body>
 <h1>Ciao a tutti!</h1>
 <p>Imparo ad usare fogli stile interni</p>
</body>
</html>
```

In questa semplice pagina HTML abbiamo incluso codice non riusabile, difficile da manutenere e che sovrascriverebbe qualsiasi regola se venisse collegato un CSS esterno. Alla luce di questo, non è consigliato usare questa tecnica per definire delle regole di stile in una pagina Web, eccetto casi particolari.

@import

La regola CSS di @import viene utilizzata per importare regole di stile da altri fogli di stile. Queste regole devono precedere tutti gli altri tipi di regole, ad eccezione delle regole di @charset. Questo tipo di inclusione di un foglio di stile può essere usata all'interno di un tag <style></style> o con un foglio di stile esterno, analizziamo entrambi i casi:

```
<style>
  @import url('/css/styles.css');
</style>
```

In questo caso è stato incluso il file CSS direttamente all'interno della pagina HTML, un approccio di solito sconsigliato perché rallenta il caricamento della pagina. Spesso, soprattutto con i font, si preferisce usare l'inclusione tramite fogli di stile esterni:

```css
@import '/styles.css';
```

Molti siti Web usano i font Google per i loro testi pertanto includono il font desiderato grazie a @import:

```css
@import
'https://fonts.googleapis.com/css?family=Lato
';
```

Stile inline

Gli stili *inline* sono molto utili per applicare lo stile ad un elemento specifico. Questa tecnica non è molto consigliata ma purtroppo è molto comune perché più veloce da applicare. È consigliabile, invece, inserire regole di stile in un tag <style> o in un file CSS esterno per mantenere una distinzione tra il contenuto della pagina e lo stile della stessa.

Questi stili hanno la precedenza su qualsiasi altra regola CSS, che sia in un tag <style> o in un foglio di stile esterno. Questo aspetto potrebbe risultare utile in alcune circostanze, ma di fatto riduce la manutenibilità di un progetto.

Gli stili nell'esempio seguente si applicano direttamente agli elementi a cui sono associati:

```html
<h1 style="color: green; text-decoration: underline;">Ciao a tutti!</h1>
<p style="font-size: 25px; font-family: 'Trebuchet MS';">Ho usato CSS inline</p>
```

Gli stili *inline* sono generalmente il modo più sicuro per garantire la compatibilità del rendering tra vari browser, programmi e dispositivi di posta elettronica, ma possono richiedere molto tempo per essere scritti rispetto all'applicazione di una classe già definita e, in genere, sono un po' impegnativi da gestire. Un classico uso di questa tecnica riguarda le e-mail che contengono codice HTML, infatti, piuttosto che collegare un file CSS si include lo stile direttamente negli elementi HTML.

Usare JavaScript

È possibile aggiungere, rimuovere o modificare i valori delle proprietà CSS con JavaScript tramite la proprietà style di un elemento. Questa tecnica è molto usata soprattutto nelle fasi di validazione di campi di input o per modificare lo stile di un elemento in conseguenza ad un'azione dell'utente:

```
var el = document.getElementById("ora");
el.style.opacity = 0.5;
el.style.fontFamily = 'sans-serif';
```

È importante notare che le proprietà style sono tutte scritte secondo la notazione *camelCase* ovvero la prima parola è minuscola mentre quelle che seguono hanno la prima lettera maiuscola. Nell'esempio puoi vedere che la proprietà font-family diventa fontFamily in JavaScript. Un'alternativa a lavorare direttamente sugli elementi consiste nel creare un elemento <style> o <link> in JavaScript e aggiungerlo al <body> o <head> del documento HTML.

Qualora tu volessi usare il framework jQuery tutto sarebbe più semplice grazie all'incisività e concisione del suo linguaggio:

```javascript
$('#ora').css({
  opacity: 0.5,
  "font-family": "sans-serif",
  fontFamily: "sans-serif"
});
```

Avrai notato che ci sono due regole uguali, infatti, jQuery consente di cambiare le regole CSS in entrambi i modi, puoi includerle tra doppi apici con il classico nome in CSS oppure usare la notazione *camelCase*.

Capitolo 2
Il file CSS

Una regola CSS è composta da un selettore (ad es. h1) e un blocco di dichiarazione contenuto tra parentesi graffe {}. In CSS è possibile inserire dei commenti per ricordarci quando usare una regola o semplicemente per eliminare temporaneamente una proprietà:

```css
/* Usare solo nella sezione notizie */
div {
 color: red; /* Colore rosso classico */
}
```

In questo caso sono stati aggiunti due commenti che si estendevano su una singola riga ed iniziano con il simbolo /* e terminano con */. Talvolta potrebbe essere necessario estendere i commenti su più righe, soprattutto in progetti complessi. In questo caso i caratteri di inizio e fine del commento sono gli stessi e si potrà spaziare su più righe come nell'esempio:

```css
/* Usare
solo
nella
sezione
notizie
*/
div {
  color: red; /* Colore rosso classico */
}
```

Selettori

I selettori CSS identificano elementi HTML specifici come obiettivi per gli stili CSS, questa sezione illustra come i selettori CSS selezionano gli elementi HTML desiderati. I selettori utilizzano una vasta gamma di oltre 50 metodi di selezione offerti dal linguaggio CSS, tramite elementi, classi, ID, pseudo-classi.

*	Selettore universale (seleziona tutti gli elementi della pagina)
div	Selettore di tag (seleziona tutti i <div>)
.blu	Selettore di classe (seleziona tutti gli elementi con classe blu)

.blu.rosso	Seleziona tutti gli elementi con classe blu e rosso
#ora	Selettore di ID (seleziona tutti gli elementi con id pari a ora)
:pseudo-classe	Seleziona tutti gli elementi con pseudo-classe
:lang(it)	Seleziona gli elementi che hanno l'attributo lang con valore it
div > p	Selettore di figlio (seleziona tutti i paragrafi figli di un div)

Probabilmente ti sarai accorto di una stranezza, soprattutto se conosci bene HTML. Devi sapere che in ogni pagina Web ogni attributo id deve avere un valore diverso quindi non possono esisterne due uguali. Qualora si verificasse questa situazione (pensiamo ad un copia-incolla di una sezione) avresti un warning da parte del browser oltre ad un malfunzionamento di alcune funzioni JavaScript. Se inserisci l'attributo id pari a ora nella tua pagina una sola volta, il selettore #ora si riferirà ad uno e un solo elemento della pagina.

Selettori di classe

Il selettore di classe seleziona tutti gli elementi con il nome della classe target. Ad esempio, la regola con parte sinistra pari a .info selezionerebbe il seguente elemento <div>:

```
<div class="info">
 <p>Testo informativo</p>
</div>
```

Puoi anche combinare i nomi delle classi per selezionare gli elementi in modo più specifico. Riprendiamo l'esempio sopra per mostrare una selezione di classi più complicata.

```
.importante { color: orange; }
```

```
.info { color: blue; }
```

```
.info.importante { color: red; }
```

Una volta definite queste regole CSS, vediamo a quale codice HTML si possono applicare:

```
<div class="info">
 <p>Testo informativo</p>
</div>
<div class="importante info">
 <p class="importante">Testo informativo importante</p>
</div>
```

In questo esempio, tutti gli elementi con la classe .info avranno un testo di colore blu, gli elementi con la classe .importante avranno un testo di colore arancione e tutti gli elementi che hanno sia classe .importante che .info avranno un testo di colore rosso. Bisogna notare che all'interno del CSS la dichiarazione

.info.importante non ha spazi tra i due nomi di classe. Ciò significa che selezionerà solo gli elementi che contengono entrambi i nomi info e importante nell'attributo class, a prescindere dall'ordine. Se fosse stato incluso uno spazio tra le due classi nella dichiarazione CSS, avrebbe selezionato solo gli elementi che hanno padre con classe .info e figlio con classe .importante.

Selettori di ID

Esistono due modi per selezionare un elemento in una pagina HTML, partendo dal suo ID. Assumiamo di avere una riga HTML come la seguente:

```
<p id="ora"></p>
```

Potremmo selezionare questo elemento in HTML in due modi, a seconda della specificità che vogliamo assegnare:

```
#ora { color: red }
[id="ora"] { color: red }
```

Questi due metodi sono equivalenti ma il primo ha un'alta specificità, infatti, poiché in una pagina dovrebbe esserci solo un elemento con un dato id, sappiamo di sicuro qual è l'elemento specifico che vogliamo selezionare. Il secondo metodo ha una bassa specificità quindi se in un file CSS ci dovessero essere entrambi ma con valori diversi "vincerebbe" la prima regola perché più specifica. Questi non sono dei veri e propri conflitti per CSS ma il browser deve avere comunque un criterio con il quale scegliere quale stile applicare.

Selettore di attributi

Un altro modo per selezionare gli elementi sfrutta gli attributi che possono essere utilizzati con vari tipi di operatori. In questo modo è possibile modificare i criteri di selezione, diventando sempre più specifici. I selettori di attributi selezionano un elemento in base alla presenza di un dato attributo o valore di attributo. Assumiamo di avere questo codice HTML:

```
<div class="rosso">Questo è rosso</div>
<div class="verde">Questo è rosso</div>
<div id="rosso">Questo non è rosso</div>
```

Potremmo selezionare tutti gli elementi che hanno l'attributo class a prescindere dal suo valore:

```
div[class] { color: red; }
```

In questo modo verrebbero selezionati i primi due elementi perché dispongono dell'attributo, a prescindere dal suo valore. Se volessimo selezionare lo stesso attributo ma con valore pari a verde dovremmo scrivere una regola di stile come questa:

```css
div[class="verde"] {
 color: red;
}
```

In questo caso l'unico elemento selezionato sarebbe il secondo perché si effettua un filtro sia sull'attributo (disponibile sui primi due) sia sul valore.

La potenza di CSS non si ferma qui infatti è possibile creare regole specifiche usando dei selettori particolari, ad esempio, selezionando tutti gli elementi in cui l'attributo contiene un valore dato.

```
<div class="art-123">Questo è rosso</div>
<div class="art123">Questo è rosso</div>
<div class="art123-1">Questo è rosso</div>
<div class="cpc-art123">Questo è rosso</div>
<div class="cpcar">Questo non è rosso</div>
```

In questo caso stiamo elencando degli articoli nella nostra pagina Web e vogliamo che tutte le classi che contengono la parola art vengano evidenziate in rosso:

```
[class*="art"] {
 color: red;
}
```

Come puoi notare verranno selezionati tutti gli elementi a parte l'ultimo che non contiene per intero il valore che desideriamo.

In modo simile è possibile selezionare gli elementi che iniziano per un dato valore o che terminano per un determinato valore:

```html
<!DOCTYPE html>
<html>
<head>
 <style>
 [class^="art"] {
  color: red;
 }

 [class$="123"] {
  color: aqua;
 }
 </style>
</head>
<body>
```

```
<div class="art-123">articolo</div>
<div class="art123">articolo</div>
<div class="art123-1">articolo</div>
<div class="cpc-art123">articolo</div>
<div class="cpc">articolo</div>
</body>
</html>
```

In questa pagina stiamo indichiamo al browser di colorare in rosso tutti gli elementi con classe che inizia con la parola art e di colorare in celeste tutti gli elementi con classe che termina per 123.

Il risultato sarà questo:

articolo

articolo

articolo

articolo

articolo

Ti aspettavi qualcosa di diverso? Probabilmente non hai considerato che le regole sono poste in cascata e "vince" l'ultima applicata. L'unico elemento che non è stato considerato in alcun caso è l'ultimo in quanto viene selezionato da nessuna regola pertanto resta di colore nero.

Pseudo-classi

Le pseudo-classi sono parole chiave che consentono la selezione in base a informazioni che si trovano fuori dal documento o che non possono essere espresse da altri selettori. Queste informazioni possono essere associate a un certo stato, a posizioni specifiche o ad altro. Gli usi più comuni riguardano un collegamento già visitato (:visited), il mouse che si trova su un elemento (:hover), una casella di controllo che è stata selezionata (:selected) ecc. Vediamo in dettaglio le pseudo-classi e quando si applicano:

:active	Si applica a tutti gli elementi attivi (ovvero cliccati dall'utente).

:checked	Si applica ai pulsanti di selezione, alle caselle di controllo o agli elementi di opzione che sono selezionati o che si trovano in uno stato "attivo".
:disabled	Si applica a qualsiasi elemento dell'interfaccia utente che si trova in uno stato disabilitato.
:empty	Si applica a qualsiasi elemento che non ha figli.
:enabled	Si applica a qualsiasi elemento dell'interfaccia utente che si trova in uno stato abilitato.
:first-child	Rappresenta qualsiasi elemento che è anche il primo elemento figlio del suo genitore.

:first-of-type	Si applica quando un elemento è il primo del tipo di elemento selezionato all'interno del suo genitore. Questo può essere o non essere il primo figlio.
:focus	Si applica a qualsiasi elemento che abbia il focus dell'utente. Ciò può essere fornito dalla tastiera dell'utente, dagli eventi del mouse o da altre forme di input.
:focus-within	Può essere usato per evidenziare un'intera sezione quando un elemento al suo interno ha il focus.
:full-screen	Si applica a qualsiasi elemento visualizzato in modalità schermo intero.

	Seleziona l'intero gruppo di elementi e non solo l'elemento di livello superiore.
:hover	Si applica a qualsiasi elemento su cui si è soffermato il dispositivo di puntamento dell'utente.
:in-range	Seleziona un elemento quando ha il suo attributo value all'interno dei limiti di intervallo specificati per l'elemento. Consente alla pagina di fornire un feedback sul valore attuale utilizzando i limiti dell'intervallo.
:invalid	Si applica agli elementi <input> i cui valori non sono validi in base al tipo specificato nell'attributo type.

:last-child	Rappresenta qualsiasi elemento che è l'ultimo elemento figlio del suo genitore.
:last-of-type	Si applica quando un elemento è l'ultimo del tipo di elemento selezionato all'interno del suo genitore. Questo può essere o non essere l'ultimo figlio.
:link	Si applica a tutti i collegamenti che non sono stati visitati dall'utente.
:nth-child	Si applica quando un elemento è l'n-esimo figlio del suo genitore, dove n può essere un numero intero, un'espressione matematica (ad esempio n + 3) o le

	parole chiave odd o even (pari o dispari).
.visited	Si applica a tutti i collegamenti che sono stati visitati dall'utente.

Combinatori

Esistono diversi tipi di combinatori in CSS, ti consentono di selezionare un elemento tenendo conto del suo genitore, dei fratelli o degli elementi vicini.

Un **combinatore discendente**, rappresentato da almeno uno spazio tra i selettori, seleziona tutti quegli elementi che discendono dall'elemento definito. Questo tipo di combinatore seleziona tutti i discendenti dell'elemento scelto quindi consideriamo la seguente porzione di codice HTML per fare un esempio:

```
<div>
 <p>Testo rosso</p>
 <section>
  <p>Testo rosso</p>
 </section>
</div>
<p>Testo nero</p>
```

Supponiamo di voler evidenziare in rosso tutti i paragrafi che si trovano nel div senza aggiungere attributi né valori nel codice HTML. È possibile fare ciò grazie alla seguente regola CSS:

```
div p { color:red; }
```

In questo caso solo i primi due paragrafi sono discendenti di un div quindi soltanto questi paragrafi avranno un testo di colore rosso.

Questo selettore è diverso dal **selettore di figlio** che usa il carattere maggiore di (>) per separare i selettori. Il selettore figlio considera soltanto i discendenti diretti di un elemento quindi riprendendo l'esempio precedente e modificando la regola in:

```
div > p { color:red; }
```

Avremo soltanto il primo paragrafo della pagina di colore rosso perché figlio diretto di un div. Il secondo paragrafo resterà di colore nero perché non si tratta di un figlio diretto bensì di un discendente.

Talvolta potrebbe essere utile selezionare il fratello di un elemento, in CSS questo è possibile grazie al **combinatore di fratelli adiacenti**. Questo combinatore usa il carattere più (+) per indicare l'elemento che segue immediatamente un elemento definito.

Supponiamo di voler evidenziare in rosso solo i paragrafi che hanno un paragrafo come fratello:

```
<p>Testo nero</p>
<p>Testo rosso</p>
<p>Testo rosso</p>
<hr>
<p>Testo nero</p>
```

Usiamo la regola CSS con il combinatore:

```
p + p { color:red; }
```

In questo caso verranno selezionati solo il secondo ed il terzo paragrafo perché il primo e l'ultimo non rispettano la regola. Il primo non ha un paragrafo precedente mentre l'ultimo non ha un paragrafo che lo segue quindi la regola non è soddisfatta per entrambi.

L'ultimo tipo di combinatore seleziona tutti i figli di un dato elemento ed utilizza il simbolo tilde (~) per separare gli elementi. Il simbolo tilde può essere digitato in modo diverso a seconda della tua tastiera o sistema operativo: in Windows digita *Alt + 126*, in macOS digita *alt + 5*, in Linux digita il pulsante *Pagina giù* o *Alt Gr + ì*.

La regola CSS sarà:

```css
p ~ p { color:red; }
```

Riusiamo la pagina HTML creata in precedenza e vedremo che tutti i paragrafi saranno di colore rosso ad eccezione del primo. Verranno selezionati, infatti, tutti i paragrafi preceduti da un altro paragrafo, che sia immediatamente precedente oppure no.

Capitolo 3
Box model

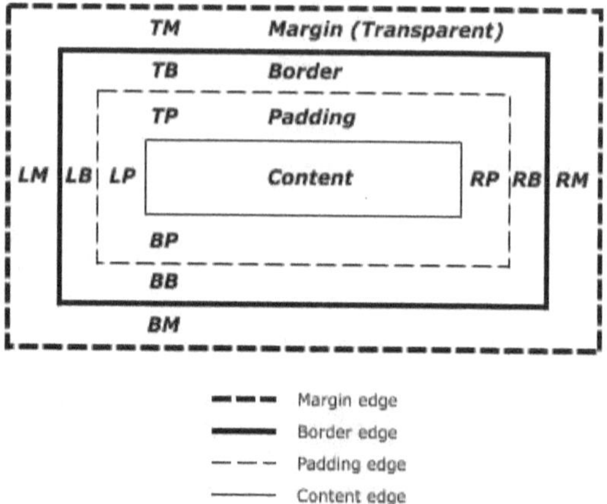

Il browser crea un rettangolo per ogni elemento nella pagina HTML. Il **box model** descrive come il padding, il bordo e il margine vengono aggiunti al contenuto per creare questo rettangolo come nell'immagine. Il perimetro di ciascuna delle quattro aree è chiamato bordo ed ogni bordo definisce un box:

- Il rettangolo più interno è il box del contenuto. La larghezza e l'altezza dipendono dal rendering dell'elemento contenuto (testo, immagine o qualsiasi altro elemento);

- Il successivo è il riquadro di riempimento, come definito dalla proprietà padding. Se non è definita la larghezza dell'imbottitura (o riempimento), il bordo è uguale al bordo del contenuto;

- A seguire abbiamo il bordo, come definito dalla proprietà border. Se non è definita la larghezza del bordo, sarà uguale al bordo del padding;

- Il rettangolo più esterno, infine, è il riquadro del margine, come definito dalla proprietà margin. Se non è definita la larghezza del margine, il bordo del margine è uguale a quello del bordo.

Definiamo una regola CSS per applicare uno stile a tutti gli elementi div in modo che abbiano un bordo con larghezza 5 pixel di colore rosso; un margine superiore, destro, inferiore e sinistro con larghezza 50 pixel e un'imbottitura superiore, destra, inferiore e sinistra di 20 pixel.

La regola sarà la seguente:

```css
div {
  border: 5px solid red;
  margin: 50px;
  padding: 20px;
}
```

Ignorando il contenuto, il nostro riquadro generato sarà simile al seguente:

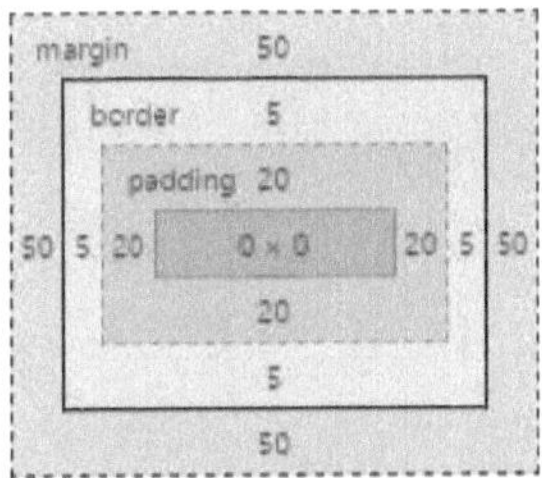

Poiché si tratta di un elemento vuoto, l'area del contenuto (la casella blu al centro) non ha altezza né larghezza (0px per 0px). Il rettangolo per il padding per impostazione di default ha le stesse dimensioni della casella del contenuto, oltre alla larghezza di 20 pixel su tutti e quattro i bordi che abbiamo definito in precedenza. La casella del bordo ha le stesse dimensioni della casella del padding, oltre alla larghezza di 5 pixel che abbiamo definito sopra con la proprietà border. Infine, la casella del margine ha le stesse dimensioni della casella del bordo, più la larghezza di 50 pixel che abbiamo definito sopra con la proprietà del margine.

Questo modello può essere contro-intuitivo, soprattutto se sei agli inizi con CSS, perché la larghezza e l'altezza di un elemento non rappresenteranno la sua larghezza o altezza effettiva sullo schermo se inizi ad aggiungere padding e bordi.

Padding

La proprietà padding imposta lo spazio di padding su tutti i lati di un elemento. L'area di riempimento è lo spazio tra il contenuto dell'elemento ed il suo bordo. Per questa proprietà, essendo la più vicina al contenuto dell'elemento, non sono ammessi i valori negativi.

Puoi aggiungere un'imbottitura diversa su ciascun lato (usando le proprietà padding-top, padding-left ecc.) oppure puoi usare una scorciatoia:

```
<style>
.pdDiv {
 padding: 10px 20px 30px 40px; /* in alto,
a destra, in basso, a sinistra; */
}
</style>
<div class="pdDiv"></div>
```

CSS è famoso per essere molto conciso quindi se due o più valori della proprietà dovessero essere uguali, non è necessario riscriverli. Assumiamo che i lati debbano avere uno spazio di 25px mentre in alto sono necessari 10px ed in basso 20px potremmo scrivere questa regola:

```
<style>
.pdDiv {
 padding: 10px 25px 20px; /* in alto, a
destra e sinistra, in basso; */
}
</style>
<div class="pdDiv"></div>
```

Come puoi intuire se i valori per il padding in alto e in basso dovessero coincidere puoi ridurre ulteriormente la regola così come nel caso in cui tutti i lati dovessero avere lo stesso padding:

```
padding: 25px 50px; /* in alto e in basso, a destra e sinistra; */
padding: 25px /* tutto intorno; */
```

La proprietà padding imposta lo spazio dichiarato su tutti i lati di un elemento. È possibile specificare l'imbottitura di un elemento anche su un solo lato perciò sono disponibili le seguenti proprietà che accettano solo valori positivi:

padding-top	padding-top
padding-right	padding-right

Margini

La proprietà margin può assumere diversi valori:

0 (numero zero)	Azzera i margini
auto	Usato per centrare un elemento
unità (px o em)	Usato per specificare quanto deve essere grande il margine e con quale unità di misura

inherit	Eredita i valori del margine dall'elemento padre
initial	Reimposta il valore iniziale

È importante saper definire i margini e la proprietà segue la stessa sintassi vista in precedenza per il padding. Ciascuna delle proprietà del margine può anche accettare il valore auto che in sostanza dice al browser di definire il margine per te. Nella maggior parte dei casi, un valore auto sarà equivalente a 0 (che è il valore iniziale per ciascuna proprietà del margine) oppure sarà uguale a qualsiasi spazio disponibile su quel lato dell'elemento. Tuttavia, auto è utile per la centratura orizzontale:

```css
.container {
  width: 1000px;
  margin: 0 auto;
}
```

In questo esempio, ci assicuriamo di centrare questo elemento orizzontalmente:

- Specificando una larghezza per l'elemento
- Impostando i margini su auto

Se non avessimo specificato la larghezza, il valore auto non avrebbe avuto sostanzialmente alcun effetto. Va anche sottolineato che auto è utile solo per centrare orizzontalmente mentre per il margine superiore e inferiore non ci può essere d'aiuto.

I margini hanno una particolarità: quelli verticali su elementi diversi che si toccano (quindi non hanno contenuto, spaziatura o bordi che li separano) collasseranno, formando un margine singolo uguale al maggiore dei margini adiacenti. Ciò non accade sui margini orizzontali (sinistro e destro), ma solo verticali (superiore e inferiore). Facciamo un esempio:

```
<h2>Margine che collassa</h2>
<p>Testo di esempio</p>
```

Usiamo le seguenti regole CSS:

```
h2 { margin: 0 0 20px 0; }
```

```
p { margin: 10px 0 0 0; }
```

In questo esempio, all'elemento h2 viene assegnato un margine inferiore di 20 px. Il paragrafo, che lo segue immediatamente, ha un margine superiore impostato a 10px. Il buon senso suggerisce che lo spessore del margine verticale tra h2 e il paragrafo sia pari a 30px (20px + 10px). A causa del collasso del margine, lo spessore effettivo è di 20px e, sebbene possa sembrare poco intuitivo a prima vista, in realtà questo aspetto è molto utile per i seguenti motivi. Innanzitutto, impedisce agli elementi vuoti di aggiungere ulteriore spazio al margine verticale, dando un aspetto esteticamente poco gradevole. In secondo luogo, consentono un approccio più coerente alla dichiarazione dei margini universali tra gli elementi della pagina. Ad esempio, le intestazioni hanno comunemente spazio sul margine verticale, così come i paragrafi. Se i margini non collassano, le intestazioni che seguono i paragrafi (o viceversa) richiederebbero spesso la reimpostazione dei margini su uno degli elementi per ottenere una spaziatura verticale costante e coerente.

Nei margini, al contrario del padding, si possono usare i valori negativi. Come puoi immaginare, se un valore di margine positivo allontana gli altri elementi, un margine negativo avvicina l'elemento stesso in quella direzione o trascinerà altri elementi verso di esso. Prova a modificare i valori dei margini nell'esempio precedente per vedere come cambia l'aspetto della pagina.

I bordi

La proprietà border in CSS è usata per tracciare una linea attorno all'elemento a cui è applicata ed accetta più valori. I valori in input per questa proprietà sono tre: la larghezza della linea da tracciare, lo stile ed il suo colore. La larghezza della linea può essere definita con un valore seguito da un'unità di misura (px, em, rem, vh, vw) oppure da valori preimpostati come thin, medium e thick.

Lo stile di un bordo può assumere diverse forme infatti può essere una linea continua con il valore solid, tratteggiata usando dashed, punteggiata usando dotted, doppia con double fino ad arrivare a inset e outset che creano una sorta di effetto 3D, invertendo i colori.

Il colore di un bordo, infine, può essere specificato in diversi modi, usando il nome inglese del colore (esiste un set predefinito di circa 140 colori), il suo valore rgb o il codice esadecimale:

```css
h2 {
    border: 1px solid red;
    border: 1px solid rgb(255,0,0);
    border: 1px solid #FF0000;
    border: 1px solid #F00;
}
```

Nell'esempio precedente tutti i valori del colore corrispondono al rosso ma è solo stato dichiarato in modo diverso. Quando possibile, consiglio di usare il nome del colore per migliorare la leggibilità del codice.

Ognuna delle proprietà dichiarate può essere scomposta in tre dichiarazioni differenti:

```css
h2 {
  border-width: 1px;
  border-style: solid;
  border-color: red;
}
```

Di solito si preferisce usare la forma abbreviata per rapidità e convenzione, inoltre, proprio come per i margini e il padding è possibile riferirsi ad un singolo bordo con le proprietà border-top, border-right, border-bottom, border-left.

Un altro aspetto interessante riguardo i bordi consiste nella proprietà border-radius che consente di cambiare la forma standard del box model. Noterai questa proprietà solo se si aggiunge un colore all'elemento. Ad esempio, se l'elemento ha un colore di sfondo o un bordo diverso dall'elemento su cui si trova è possibile notare la curvatura apportata da questa proprietà.

.rotondo { border-radius: 20px; }

Con un solo valore, il raggio del bordo sarà lo stesso su tutti e quattro gli angoli di un elemento. Ma non è detto che debba essere sempre così infatti puoi specificare l'ampiezza di ogni angolo separatamente:

```css
.rotondo {
  border-radius: 5px 10px 15px 20px; /* in
alto a sinistra, in alto a destra, in basso a
destra, in basso a sinistra */
}
```

Ricapitolando: se viene impostato un solo valore, questo raggio si applica a tutti e 4 gli angoli. Se vengono impostati due valori, il primo si applica all'angolo superiore sinistro e inferiore destro, il secondo si applica all'angolo superiore destro e inferiore sinistro. Specificando tre valori, il secondo valore si applica in alto a destra e anche in basso a sinistra. Con quattro valori si specifica l'angolo in alto a sinistra, in alto a destra, in basso a destra, in basso a sinistra in questo ordine. Puoi ricordare questo ordine perché segue le lancette dell'orologio infatti si parte in alto a sinistra rotando verso destra fino a raggiungere l'angolo in basso a sinistra.

È possibile specificare il valore del raggio del bordo anche in percentuale. Ciò è particolarmente utile quando si desidera creare una forma circolare o ellittica, ma può essere utilizzato quando si desidera che il raggio del bordo sia direttamente correlato alla larghezza degli elementi.

Capitolo 4
Sfondo

Con CSS puoi impostare colori, sfumature e immagini come sfondo di un elemento. È possibile specificare varie combinazioni di immagini, colori, gradienti e regolare le dimensioni, il posizionamento e la ripetizione di questi. Con la proprietà background puoi raggruppare molte proprietà in una come abbiamo visto in precedenza.

I colori

La proprietà background-color imposta il colore dello sfondo di un elemento usando il valore di un colore o tramite parole chiave, come transparent, inherit o initial.

- transparent specifica che il colore dello sfondo deve essere trasparente e questa è una impostazione predefinita in CSS;
- inherit, specifica di ereditare questa proprietà dal suo genitore;
- initial imposta questa proprietà al valore predefinito

Questa proprietà può essere applicata a tutti gli elementi ma vediamo come possono essere specificati i colori in CSS.

CSS mette a disposizione diversi nomi per i colori che sono sicuramente più facili da ricordare rispetto al rispettivo codice esadecimale o RGB. I più utilizzati sono i seguenti:

Aqua	Beige	Black	Blue	Brown	Coral	Cyan
Gold	Gray	Lime	Pink	Red	Navy	Teal

L'utilizzo è piuttosto semplice infatti per applicare uno sfondo rosso ai div scriveremo:

```css
div { background-color: red; /*rosso*/ }
```

Un altro metodo consiste nell'usare il codice esadecimale di un colore. Il codice esadecimale viene utilizzato per indicare i componenti RGB di un colore nella notazione esadecimale base-16. #ff0000, ad esempio, è un rosso brillante, in cui il componente rosso del colore è 256 bit (ff) e le corrispondenti parti verde e blu sono pari a 0 (00). Se entrambi i valori in ciascuna delle tre coppie RGB (R, G e B) sono uguali, il codice del colore può essere abbreviato in tre caratteri usando la prima cifra di ciascuna coppia. #ff0000 può essere ridotto a #f00 e #ffffff può essere ridotto a #fff. La notazione esadecimale non fa distinzione tra maiuscole e minuscole quindi #fff è uguale a #FFF.

Useremo il codice esadecimale allo stesso modo del nome del colore:

```css
div {
  background-color: #F00; /*rosso*/
}
```

Un altro modo per dichiarare un colore è usare RGB o RGBa. RGB sta per rosso, verde, blu e ogni componente richiede un valore tra 0 e 255. I valori vengono inseriti tra parentesi, che corrispondono ai valori decimali del colore rosso, verde e blu rispettivamente. RGBa consente di usare un parametro aggiuntivo detto **alfa** che oscilla tra 0,0 e 1,0 per definire l'opacità.

```html
<!DOCTYPE html>
<html>
<head>
 <style>
  div {
    background-color: rgba(0, 0, 0, 0.5); /* nero con opacità al 50% */
  }
 </style>
</head>
<body>
 <div>
  Questo è un div grigio
 </div>
</body>
```

```
</html>
```

In questo caso abbiamo usato il parametro aggiuntivo per l'opacità e, impostando un valore di opacità al 50%, otteniamo uno sfondo di colore grigio. Puoi modificare il parametro per vedere come cambia lo sfondo, passando da 0,0 a 1,0 o eliminandolo del tutto per ottenere uno sfondo completamente nero.

Un altro modo per dichiarare un colore consiste nell'usare HSL o HSLa che sostanzialmente è simile a RGB e RGBa. HSL è l'acronimo inglese per indicare tonalità, saturazione e luminosità ed è spesso chiamato HLS:

- La tonalità è espressa in gradi con valori da 0 a 360;
- La saturazione è una percentuale compresa tra 0% e 100%;

- La luminosità è una percentuale compresa tra 0% e 100%.

HSLa consente di usare un parametro alfa aggiuntivo che oscilla tra 0,0 e 1,0 per definire l'opacità.

```
div { background-color: hsl(120, 100%, 50%); /* verde */
}
```

I gradienti

Con i colori è possibile creare dei gradienti molto belli da vedere e che possono contribuire a rendere più accattivante il sito. I gradienti sono considerati nuovi tipi di immagine e sono stati aggiunti in CSS3. Esistono due tipi di funzioni gradiente, lineare e radiale.

Iniziamo con un **gradiente lineare** dove la sintassi è piuttosto semplice ed è usata con la proprietà background o con la proprietà background-image in CSS. Vediamo l'uso di questa funzione:

```css
.gradiente {
  background-image:
    linear-gradient(
      red, #f06d06
    );
```

```
}
```

In questo caso abbiamo creato un gradiente senza dichiarare un angolo quindi verrà usato l'angolo di default ovvero dall'alto verso il basso. In particolare, in alto verrà usato il colore rosso per definire una transazione verso il colore #f06d06 che è un arancione. Possiamo usare tutti i modi che vogliamo per definire il colore di partenza e di arrivo, in questo caso abbiamo indicato al browser di creare un'immagine di sfondo con gradiente lineare partendo dall'alto con il colore rosso verso il basso che avrà il colore arancione.

Proviamo a definire un angolo per vedere come cambia lo sfondo:

```
.gradiente {
  background-image:
    linear-gradient(
```

        72deg, red, #f06d06

    );

}

In questo modo abbiamo definito l'angolo che puoi cambiare arbitrariamente da 0deg a 360deg, prova a cambiare tale valore per vedere come cambia il gradiente.

Un **gradiente radiale** differisce da un gradiente lineare in quanto inizia in un singolo punto e si espande verso l'esterno. Le sfumature sono spesso utilizzate per simulare una fonte di luce che, come sappiamo non è sempre diretta. Ciò li rende utili per rendere le transizioni tra i colori ancora più naturali. Per impostazione predefinita il primo colore inizia nella posizione centrale dell'elemento e poi si dissolve fino al colore finale verso il bordo dell'elemento. La dissolvenza avviene ad una velocità uguale e costante, indipendentemente dalla direzione.

Come per il gradiente lineare, è possibile usare la funzione radial-gradient con la proprietà background o background-image. Vediamo come usare questa proprietà in modo semplice con un esempio:

```css
.gradiente {
  background-image:
    radial-gradient(
      yellow,
      #f06d06
    );
}
```

Questa rappresenta la sua forma più elementare, nota bene che per impostazione predefinita il gradiente è posizionato al centro dell'elemento dove ha il colore giallo e si diffonde verso i bordi passando all'arancione. È possibile anche definire diverse forme del gradiente tra cui circle ed ellipse, quest'ultimo impostato di default.

```css
.gradiente {
  background-image:
    radial-gradient(
      circle,
      yellow,
      #f06d06
    );
}
```

Le immagini

Le proprietà background e background-image vengono utilizzate per specificare una o più immagini di sfondo da applicare a tutti gli elementi corrispondenti. Per impostazione predefinita, questa immagine viene estesa per coprire l'intero elemento, escluso il margine. Usare un'immagine è molto semplice, basta disporre dell'URL dell'immagine:

```
.sfondo {
  background: url(sfondo.jpg);
}
```

Il valore url() consente di fornire un percorso a qualsiasi immagine che verrà visualizzata come sfondo per l'elemento corrispondente. Qualora disponessi di un URI puoi impostarlo come segue:

```
.sfondo {
  background:
url(data:image/gif;base64,R0lGODlhAQAB AIAAAAAAAP///yH5BAEAAAALAAAAAA BAAEAAAIBRAA7);
}
```

Questa tecnica rimuove una richiesta HTTP, velocizzando il caricamento del sito Web. Tuttavia, ci sono aspetti negativi come l'incompatibilità con alcuni browser e la difficoltà nella manutenzione (riusciresti a capire a cosa corrisponde l'immagine dell'ultimo esempio?). Una tecnica molto usata soprattutto per le icone consiste invece nel raggrupparle all'interno di un'unica immagine usando gli Sprite CSS.

Talvolta è necessario avere più immagini o una combinazione di immagini e gradienti per lo sfondo. L'uso di più immagini come sfondo è supportato da tutti i browser moderni quindi quando utilizzi più immagini di sfondo, tieni presente che esiste un ordine di visualizzazione alquanto intuitivo. Elenca l'immagine che dovrebbe essere vista per prima nella parte anteriore e dopo l'immagine che dovrebbe essere visualizzata per ultima, in questo modo:

```
.pagina {
  background: url(logo.png), url(sfondo.png);
}
```

Quando utilizzi più immagini di sfondo, spesso dovrai impostare più valori per lo sfondo per ottenere tutto nel posto giusto. Puoi impostare dei parametri aggiuntivi per ogni immagine che vuoi mostrare ad esempio puoi decidere di ripeterla secondo alcune regole:

```
.pagina {
  background:
    url(logo.png) bottom center no-repeat,
    url(sfondo.png) repeat;
}
```

In questo caso è stata usata la proprietà background-repeat in entrambi i casi ma con valori diversi:

repeat	Affianca l'immagine in entrambe le direzioni. Questo è il valore predefinito.
repeat-x	Affianca l'immagine in orizzontale
repeat-y	Affianca l'immagine in verticale
no-repeat	Non affianca l'immagine ma la mostra una volta sola
space	Affianca l'immagine in entrambe le direzioni. Non ritaglia mai l'immagine a meno che non sia troppo grande per adattarsi. Se più immagini possono adattarsi, queste vengono distanziate uniformemente.

round	Simile al precedente ma se più immagini possono adattarsi allo spazio rimanente, le schiaccia o le allunga per riempire lo spazio.

Oltre a questa proprietà, abbiamo usato background-position che ti consente di spostare un'immagine o un gradiente all'interno del suo contenitore.

```
.pagina {
  background-position: right 45px bottom 20px;
}
```

Se si dichiara un solo valore, tale valore è l'offset orizzontale quindi il browser imposta l'offset verticale al centro. Quando si dichiarano due valori, il primo valore è l'offset orizzontale e il secondo valore è l'offset verticale. Le cose diventano un po' più complicate si usano tre o quattro valori ma, allo stesso tempo, ottieni anche un maggiore controllo sul posizionamento dello sfondo. Una sintassi con tre o quattro valori si alterna tra parole chiave e unità di lunghezza o percentuale. È possibile utilizzare uno qualsiasi dei valori delle parole chiave tranne center in una dichiarazione di posizione dello sfondo a tre o quattro valori. Quando si specificano tre valori, il browser interpreta il quarto valore "mancante" come 0. Nell'esempio l'immagine di sfondo si trova a 45px da destra e 20px dalla parte inferiore del contenitore. Per questa proprietà puoi usare un valore seguito dall'unità di misura pixel (px) o percentuale (%).

Capitolo 5
Tipografia

Per troppo tempo lo stile tipografico e la sua attenzione ai dettagli sono stati trascurati dai progettisti di siti Web, in particolare nel testo dei contenuti. In passato ciò avrebbe potuto essere un problema riconducibile alla tecnologia, ma ora con il Web questo problema può essere affrontato. La continua evoluzione dei browser, rendering di testo e schermi ad alta risoluzione, si combinano per evitare la tecnologia come scusa.

Ci sono diversi modi per etichettare quello che è effettivamente lo stesso carattere ma CSS ci viene in aiuto, dopotutto, ciò che pensiamo come "carattere" può essere composto da molte varianti per descrivere il grassetto, il testo in corsivo e così via. Ad esempio, probabilmente hai familiarità con il carattere

Times. Tuttavia, Times è in realtà una combinazione di molte varianti, tra cui TimesRegular, TimesBold, TimesItalic, TimesOblique, TimesBoldItalic, TimesBoldOblique e così via. In altre parole, Times è in realtà una famiglia di caratteri, non solo un singolo carattere, anche se la maggior parte di noi pensa ai caratteri come a singole entità.

CSS definisce cinque famiglie di caratteri generici:

Serif	Questi caratteri sono proporzionali e hanno dei serif. Un font è proporzionale se tutti i caratteri nel font hanno larghezze diverse a causa delle loro diverse dimensioni. Ad esempio, una

	i minuscola e una m minuscola hanno larghezze diverse. I serif sono le decorazioni alle estremità dei tratti all'interno di ciascun carattere, delle piccole linee nella parte superiore e inferiore di una I minuscola, o nella parte inferiore di ciascuna gamba di una maiuscola.
Sans-serif	Questi caratteri sono proporzionali e non hanno serif.
Monospace	I caratteri monospace non sono proporzionali. Questi vengono generalmente utilizzati per emulare l'output di una vecchia stampante ad aghi o un terminale. In questi

	font, ogni carattere ha esattamente la stessa larghezza di tutti gli altri, quindi una i minuscola ha la stessa larghezza di una m minuscola. Questi caratteri possono avere o non avere serif.
Cursive	Questi caratteri tentano di emulare la calligrafia umana. Di solito, sono composti in gran parte da curve e hanno decorazioni che superano quelle presenti nei caratteri serif.
Fantasy	Tali font non costituiscono una categoria definita da caratteristiche chiare ma dalla nostra incapacità di

	classificarli facilmente in una delle altre famiglie.

La proprietà font in CSS è una proprietà che combina tutte le seguenti sotto-proprietà in una singola dichiarazione.

```css
body {
  font: normal small-caps normal 16px/1.4 Georgia;
}

/* equivale a

body {
  font-family: Georgia;
  line-height: 1.4;
  font-weight: normal;
  font-stretch: normal;
  font-variant: small-caps;
  font-size: 16px;
```

```
}
*/
```

Vediamo nel dettaglio queste proprietà e a cosa servono. font-family definisce il font che viene applicato all'elemento e può assumere un valore specifico come in questo caso o uno generico ad esempio, serif, sans-serif, monospace, cursive, caption ecc. mentre line-height definisce la quantità di spazio sopra e sotto gli elementi ovvero l'altezza di ogni riga di testo.

Grazie a CSS è possibile definire anche il "peso" di un font ovvero quanto deve essere in grassetto grazie alla proprietà font-weight. Può assumere diversi valori da 100 fino a 900 in base a quanto vogliamo evidenziare il testo. È possibile definire anche quanto vogliamo attaccato il nostro testo, in particolare è possibile modificare la larghezza delle parole con la proprietà font-stretch che assume valori che spaziano da ultra-condensed a ultra-expanded passando da extra-condensed a semi-expanded.

font-variant con valore small-caps come nel caso del nostro esempio consente di creare del testo in maiuscolo ma con una dimensione inferiore al testo normale. Ultimo ma non meno importante, troviamo la proprietà font-size che assume valori da xx-small a xx-large ma anche valori in percentuale o in pixel. Questa proprietà consente di modificare la dimensione del testo in modo da passare da testo molto piccolo a testo molto grande in base alle nostre esigenze.

Capitolo 6
Media Query

Quando il World Wide Web era qualcosa a cui si accedeva solo tramite un browser sul desktop o sul laptop, scrivere CSS era abbastanza semplice. Anche se era necessario considerare problemi tra browser e multipiattaforma, tutti utilizzavano dispositivi fondamentalmente simili per visualizzare un sito Web. Negli ultimi anni, tuttavia, abbiamo assistito a un'esplosione di nuovi dispositivi per l'accesso al Web, dalle console di gioco ai dispositivi mobile come iPhone o iPad fino alle Smart TV. Presentare i tuoi contenuti a tutti allo stesso modo non ha più senso quando i tuoi utenti potrebbero visualizzare il tuo sito Web su un monitor desktop o su uno schermo stretto come quello di uno smartphone.

I CSS hanno avuto modo di fornire stili diversi a diversi tipi di media per un po' di tempo usando l'attributo media dell'elemento link:

```
<link href="style.css" rel="stylesheet" media="screen">
```

Con CSS3 è arrivata finalmente la svolta grazie alle **media query**. Le media query estendono i tipi di media fornendo una sintassi delle query che ti consente di offrire stili molto più specifici al dispositivo dell'utente, consentendo un'esperienza su misura. La descrizione può sembrare piuttosto secca, ma questa funzionalità è in realtà una delle più rivoluzionarie dell'intera specifica CSS3. Le media query ti danno la libertà di creare siti Web che sono veramente indipendenti dal dispositivo e offrono ai tuoi utenti la migliore esperienza possibile indipendentemente da come scelgono di visitare il tuo sito. Una media query imposta un parametro (o una serie di parametri) che visualizza le regole di stile associate se il dispositivo utilizzato per visualizzare la pagina ha proprietà che corrispondono a quel parametro.

È possibile utilizzare le media query in tre modi, tutti corrispondenti ai diversi modi in cui i CSS possono essere applicati a un documento. Il primo è invocare un foglio di stile esterno usando l'elemento link:

```
<link href="file" rel="stylesheet"
media="logica ed espressioni">
```

Il secondo metodo consiste nell'usare la direttiva @import:

```
@import url('file') logica ed espressioni;
```

Il terzo è utilizzare una media query in un elemento di stile incorporato o nel foglio di stile stesso con la regola estesa @media:

@media logica ed espressioni { regole }

Le funzioni multimediali sono informazioni sul dispositivo utilizzato per visualizzare la pagina Web: dimensioni, risoluzione e così via. Queste informazioni vengono utilizzate per valutare un'espressione, il cui risultato determina quali regole di stile verranno applicate. Tale espressione potrebbe essere, ad esempio, "applica questi stili solo su dispositivi con uno schermo più largo di 480 pixel" o "solo su dispositivi orientati in modo orizzontale".

Width e Height

La funzione width descrive la larghezza della finestra di rendering del tipo di supporto specificato che, di solito, indica la larghezza corrente del browser (inclusa la barra di scorrimento) per i sistemi operativi desktop.

Applichiamo uno stile solo su dispositivi con larghezza superiore a 480px:

```css
@media screen and (min-width: 480px) {
  h1 {
    color: white;
    height: 189px;
    margin-bottom: 0;
    padding: 20px;
  }
}
```

In questo caso tutte le intestazioni di primo livello mostrate su questi dispositivi saranno di colore bianco, con un'altezza specifica, un determinato padding e un margine.

Allo stesso modo è possibile usare il prefisso max- per applicare uno stile a tutti gli schermi di dimensione inferiore a 480px:

```css
@media screen and (max-width: 480px) {
  h1 {
    color: white;
    height: 100px;
    margin-bottom: 0;
    padding: 10px;
  }
}
```

I casi d'uso più frequenti coinvolgono min-width e max-width ma in realtà è possibile usare anche uno stile specifico quando la larghezza è pari ad un determinato valore:

```css
@media screen and (width: 400px) {
  h1 {
    color: white;
    height: 50px;
    margin-bottom: 0;
    padding: 5px;
  }
}
```

Allo stesso modo in cui width contribuisce alla realizzazione di un layout responsive si può usare height con cui descrivere l'altezza dell'area di visualizzazione del documento. Sono disponibili gli stessi prefissi min- e max- ma sostanzialmente sono meno usati rispetto a width perché di solito viene usato lo scrolling verticale.

Attenzione: con width e height si fa riferimento alla dimensione della finestra del browser, infatti, ridimensionando la finestra potrai vedere come il sito si adatta alle nuove dimensioni.

Device-width e device-height

Per leggere le informazioni sulla larghezza dello schermo del dispositivo è necessario usare device-width. Così come è necessario usare device-height per ottenere l'altezza dell'intera area di rendering del dispositivo. Grazie a queste funzioni puoi personalizzare l'aspetto del sito in base a diversi dispositivi considerando la loro risoluzione, ad esempio, iPhone 5S ha una risoluzione di 640 x 1136, questi valori saranno restituiti da queste proprietà.

```css
.container { width: 1000px; }

.container div {
  float: left;
  margin: 0 15px 0 0;
  width: 235px;
}
```

```css
@media only screen and (max-device-width:
640px) {
  .container { width: auto; }
  .container div {
   float: none;
   margin: 0;
   width: auto;
  }
}
```

Orientation

Se sei meno interessato alle dimensioni effettive del dispositivo di visualizzazione ma desideri ottimizzare le tue pagine per la visualizzazione orizzontale (come un normale browser Web) o verticale (come un lettore di ebook), la funzione di cui hai bisogno è orientation. Potresti avere bisogno di questa funzione se, per esempio, stai realizzando un sito con quiz, immagina di volere una risposta per riga quando il dispositivo si trova in posizione verticale, due risposte per riga quando si trova in posizione orizzontale.

```
<link rel="stylesheet" media="all and (min-device-width: 481px) and (max-device-width: 1024px) and (orientation:portrait)" href="ipad-portrait.css" type="text/css" />
```

```
<link rel="stylesheet" media="all and (min-device-width: 481px) and (max-device-width: 1024px) and (orientation:landscape)" href="ipad-landscape.css" type="text/css" />
```

Queste sono due righe del codice HTML in cui includiamo entrambi gli stili per il layout orizzontale e verticale per un iPad. Come puoi notare abbiamo unito più media query in modo da unire tutto quello imparato finora.

Aspect-ratio

Puoi anche creare query da applicare quando viene raggiunto un determinato rapporto larghezza-altezza. Puoi utilizzare questa proprietà per testare le proporzioni del browser o le proporzioni del dispositivo. Nel primo caso si usa aspect-ratio mentre nel secondo si usa device-aspect-ratio. Ultimamente i produttori di smartphone stanno cambiando l'aspetto dei loro prodotti con Samsung S20 che ha un aspect-ratio di 20:9 mentre Apple per il suo iPhone 11 ha preferito 19.5:9. Si tratta di una variabile da considerare durante lo sviluppo di un sito perché si è passati da un aspect-ratio di 3:2 da un iPhone di prima generazione, passando per 16:9 di un iPhone 5 per raggiungere 19.5:9 con iPhone 11.

```
/* Regole per iPhone 5 e 6 */
```

```css
@media screen and (device-aspect-ratio:
16/9) {
 h1 {
  color: white;
  height: 50px;
  margin-bottom: 0;
  padding: 5px;
 }
}
```

Resolution

La funzione resolution rappresenta la densità di pixel del dispositivo di output. È anche possibile utilizzare le varianti con il prefisso min- e max- per applicare regole di stile con risoluzione minima e massima.

Ecco un esempio con l'uso di risoluzione esatta, minima e massima:

```css
/* Risoluzione esatta */
@media (resolution: 150dpi) {
  p {
    color: red;
  }
}


/* Risoluzione minima */
@media (min-resolution: 72dpi) {
  p {
```

```css
    text-decoration: underline;
  }
}


/* Risoluzione massima */
@media (max-resolution: 300dpi) {
  p {
    background: yellow;
  }
}
```

Capitolo 7
Animazioni

La proprietà animation in CSS può essere utilizzata per animare molte proprietà CSS come colore, colore di sfondo, altezza o larghezza. Ogni animazione deve essere definita con la regola @keyframes che viene quindi invocata con la proprietà per l'animazione. Adesso vedrai quanto è semplice creare uno sfondo con un'animazione:

```html
<html>
<body>
 <div class="elementoPulsante"></div>
</body>
</html>
```

Usiamo delle regole di stile con le proprietà appena descritte:

```css
html, body { height: 100%; }


.elementoPulsante {
  width: 100%;
  height: 100%;
  animation: pulse 5s infinite;
}


@keyframes pulse {
  0% { background-color: #001F3F; }
  100% { background-color: #FF4136; }
}
```

Ogni regola @keyframes definisce cosa dovrebbe accadere in momenti specifici durante l'animazione. In questo esempio, 0% è l'inizio dell'animazione e 100% è la fine. Questi fotogrammi chiave possono quindi essere controllati dalla proprietà per l'animazione o dalle sue otto proprietà secondarie, per fornire un maggiore controllo su come manipolare tali fotogrammi chiave.

```css
body, html { height: 100%; }


body {
  display: flex;
  align-items: center;
  justify-content: center;
}


.elemento {
  height: 250px;
  width: 250px;
  margin: 0 auto;
  background-color: red;
  animation-name: stretch;
  animation-duration: 1.5s;
  animation-timing-function: ease-out;
  animation-delay: 0;
```

```css
  animation-direction: alternate;
  animation-iteration-count: infinite;
  animation-fill-mode: none;
  animation-play-state: running;
}


@keyframes stretch {
  0% {
    transform: scale(.3);
    background-color: red;
    border-radius: 100%;
  }
  50% { background-color: orange; }
  100% {
    transform: scale(1.5);
    background-color: yellow;
  }
}
```

In questo esempio abbiamo un cerchio che diventa un quadrato e nel frattempo cambia anche il suo colore. Nella proprietà @keyframes puoi vedere cosa accade nel momento iniziale (0%), a metà (50%) e alla fine (100%). In questo caso abbiamo scompattato la proprietà animation in sotto-proprietà in modo da avere un maggior controllo ma vediamo a cosa servono nel dettaglio:

animation-name	dichiara il nome della regola @keyframes da manipolare
animation-duration	Indica quanto tempo è necessario affinché un'animazione completi un ciclo

animation-timing-function	stabilisce delle curve di accelerazione preimpostate come ease o linear
animation-delay	indica il tempo che intercorre tra l'elemento da caricare e l'inizio della sequenza di animazione
animation-direction	imposta la direzione dell'animazione dopo il ciclo. Il suo valore predefinito si reimposta ad ogni ciclo
animation-iteration-count	Indica quante volte deve essere eseguita l'animazione

| animation-fill-mode | imposta i valori da applicare prima / dopo l'animazione |
| animation-play-state | mette in pausa / riproduce l'animazione |

Le animazioni della maggior parte delle proprietà diventano un problema per le prestazioni del browser, quindi dovremmo procedere con cautela prima di animare qualsiasi proprietà. Ad ogni modo, ci sono alcune combinazioni che possono essere animate in modo sicuro:

transform: translate ()

transform: scale ()

transform: rotate ()

Trasformazioni 2D

La proprietà transform consente di manipolare visivamente un elemento che può essere inclinato, ruotato, traslato o ridimensionato pertanto può assumere diversi valori.

Rotiamo un elemento di 45 gradi:

```
<html>
<body>
 <div class="ruota45"></div>
</body>
</html>
```

Il file CSS sarà composto dalla seguente regola:

```
.ruota45 {
 width: 100px;
 height: 100px;
```

```css
  background: teal;
  transform: rotate(45deg);
}
```

Questo esempio ruoterà il div di 45 gradi in senso orario. Il centro della rotazione è il centro del div, al 50% da sinistra e al 50% dall'alto. È possibile modificare il centro di rotazione impostando la proprietà transform-origin.

È possibile anche scalare un elemento come segue:

```html
<html>
<body>
 <div class="scalaOggetto"></div>
</body>
</html>
```

E con la seguente regola:

```css
.scalaOggetto {
  width: 100px;
  height: 100px;
  background: teal;
  transform: scale(0.5, 1.3);
}
```

Questo esempio ridimensionerà il div a 100px * 0,5 = 50px sull'asse X e 100px * 1,3 = 130px sull'asse Y. Il centro della trasformazione è al centro del div, il 50% da sinistra e il 50% dall'alto.

Il risultato sarà un rettangolo come questo:

Un altro tipo di trasformazione si può ottenere con la parola chiave skew in modo da inclinare un elemento:

```html
<html>
<style>
.inclina {
 width: 100px;
 height: 100px;
 background: teal;
 transform: skew(20deg, -30deg);
}
</style>
<body>
 <div class="inclina"></div>
</body>
</html>
```

In questo caso abbiamo inclinato il div di 20 gradi sull'asse X e di -30 gradi sull'asse Y. Il centro della trasformazione, poiché non è stato modificato, è sempre al centro del div, al 50% da sinistra e al 50% dall'alto quindi il risultato sarà simile a questo:

Esistono moltissime trasformazioni possibili quindi riportiamo in forma sintetica un elenco di quello che potresti creare:

rotate(x)	Definisce una trasformazione che sposta l'elemento attorno a un punto fisso sull'asse Z.

translate(x,y)	Sposta la posizione dell'elemento sugli assi X e Y.
translateX(x)	Sposta la posizione dell'elemento sull'asse X.
translateY(y)	Sposta la posizione dell'elemento sull'asse Y.
scale(x,y)	Modifica la dimensione dell'elemento sugli assi X e Y.
scaleX(x)	Modifica la dimensione dell'elemento sull'asse X.
scaleY(y)	Modifica la dimensione dell'elemento sull'asse Y.
skew(x,y)	Distorce ciascun punto di un elemento di un certo angolo in ciascuna direzione
skewX(x)	Distorce ciascun punto di un elemento di un certo angolo in direzione orizzontale

skewY(y)	Distorce ciascun punto di un elemento di un certo angolo in direzione verticale
matrix()	Definisce una trasformazione 2D sotto forma di matrice di trasformazione.

Capitolo 8
Strumenti

La modifica di codice HTML e CSS può essere eseguita senza strumenti specifici. In effetti, se hai un semplice editor di testo, sei a posto. Tuttavia, non crediamo che sia il modo migliore per sviluppare infatti, se usi degli strumenti adeguati al tuo lavoro, non solo renderai le cose più facili per te stesso, ma aumenterai anche la qualità del lavoro svolto.

Sappiamo anche che non tutti possono o vogliono spendere molti soldi per il miglior editor. Fortunatamente, non è necessario perché oggi puoi facilmente trovare un IDE gratuito e sviluppare siti Web con molta facilità. Che tu abbia bisogno di un IDE JavaScript, un IDE HTML o qualsiasi altro IDE di sviluppo web, potrai trovarne diversi tra cui scegliere.

L'IDE di sviluppo Web fa tutto ciò che fanno i semplici editor di testo ma integrando funzionalità più avanzate che non puoi avere con gli editor di testo. Naturalmente, sono dotati di una serie di funzioni utili come l'evidenziazione della sintassi, interfacce personalizzabili e strumenti di navigazione completi ma sono necessarie funzionalità aggiuntive. Tuttavia, con i migliori IDE, non dovrai preoccuparti di questo.

Spesso vengono forniti strumenti aggiuntivi per l'automazione, i test e la visualizzazione del processo di sviluppo. Fondamentalmente, ti forniscono tutto il necessario per trasformare il codice in un'applicazione o in un programma funzionante.

Gli IDE più usati per sviluppare pagine HTML con CSS sono WebStorm, Eclipse, Atom, Microsoft Visual Studio ma sappi che ne esistono moltissimi e potrai scegliere quello più adatto a te, che si avvicina alle tue esigenze.

Conclusioni

In questo lungo viaggio abbiamo imparato molto su CSS, con un approccio pratico e limitando la teoria all'essenziale. Abbiamo analizzato i vari modi per costruire un'interfaccia utente gradevole al visitatore, con un focus particolare all'ambito mobile. Può sembrare molto semplice creare una pagina Web responsive ma dietro ogni sito ben progettato c'è il duro lavoro di molti professionisti tra cui grafici, sviluppatori Web e sistemisti. HTML5 ha portato grandi innovazioni per la gestione di audio e video e punta a migliorare la semantica dei siti Web, migliorare l'interfaccia utente e l'accessibilità al fine di creare applicazioni Web migliori. In tutto questo però ci sono ancora degli ostacoli da superare come l'uso di vecchie versioni di Internet Explorer soprattutto in alcune aziende, poco attente alla tecnologia. Tutte le funzionalità offerte da HTML5 e CSS3 devono essere utilizzate per poter facilitare lo sviluppo e raggiungere risultati migliori in meno tempo.

La sfida principale è per gli sviluppatori dei browser, bisogna invitare gli utenti ad aggiornare il browser per creare le condizioni adatte per una evoluzione continua. Gli sviluppatori, invece, devono progettare nuove interfacce sfruttando le nuove tecnologie in modo da fornire un prodotto migliore all'utente e che possa essere fruito nel migliore dei modi da chiunque, anche da coloro che purtroppo hanno disabilità visive o di altro genere.

Ci auguriamo che tu possa aver imparato ad utilizzare CSS grazie a questo libro e con un approccio diretto. Esercitati tanto, solo così potrai stimolare la tua curiosità, sii creativo e progetta siti Web sempre diversi tra loro in modo da poter competere con te stesso. Fissa un obiettivo, ad esempio la realizzazione di un sito Web personale, in modo da restare allenato e sfruttare ciò che hai imparato.

JavaScript

Premessa

A causa della sua prevalenza sul Web e a causa della proliferazione di framework basati su di esso, JavaScript ormai è diventato difficile da evitare. Ogni programmatore Web ha letto almeno una volta nella sua vita del codice scritto in JavaScript dato che si tratta di un linguaggio abbastanza maturo e molto usato.

A partire dal 1995 JavaScript si è rivelato sempre più necessario per la programmazione Web, soprattutto per la creazione e per modificare siti Web, motivo per cui è stato inventato. Il creatore di JavaScript, Brendan Eich, non ha avuto altra scelta che creare il linguaggio molto rapidamente dato che Netscape avrebbe potuto adottare altre tecnologie. A tal proposito ha dovuto prendere in prestito delle parti da diversi linguaggi di programmazione: da Java ha preso la sintassi ed i valori primitivi, da Perl e Python ha preso in prestito le stringhe, gli array e le espressioni regolari, il resto, probabilmente, è simile in qualche altro linguaggio.

Da un lato, JavaScript contiene delle stranezze ed è carente o quantomeno confusionario su alcune funzionalità. Basti dire che in JavaScript:

```
"11" - 1 = 10;
"11" + 1 = "111";
```

D'altra parte, stiamo parlando di un linguaggio potente e flessibile, con funzionalità che consentono di aggirare facilmente questi problemi. Si tratta di problemi noti e che ECMA International cerca di arginare con i suoi standard. Date le sue influenze, non sorprende che JavaScript abbia uno stile di programmazione che è un mix tra programmazione funzionale (funzioni di ordine superiore; funzioni di map e reduce ecc.) e programmazione orientata agli oggetti.

ECMAScript è il nome ufficiale per JavaScript. Per l'uso comune, si applicano le seguenti regole:

- JavaScript indica il linguaggio di programmazione;
- ECMAScript è il nome utilizzato dalla specifica del linguaggio, pertanto, ogni volta che si fa riferimento alle versioni del linguaggio, ci si riferisce a ECMAScript. Le versioni di ECMAScript sono in continuo sviluppo pertanto in ogni versione potrai trovare qualche novità.

Probabilmente ti starai chiedendo dove scrivere il tuo codice JavaScript, puoi aprire la console dedicata agli sviluppatori in qualsiasi browser recente premendo il tasto F12 o, in alternativa, puoi creare una pagina Web con un file HTML che include un file con estensione *.js* dove potrai scrivere il tuo codice JavaScript.

Capitolo 1
Sintassi

Per capire la sintassi di JavaScript, dovresti sapere che ha due principali categorie sintattiche: le **dichiarazioni** e le **espressioni**. Le dichiarazioni sono delle istruzioni quindi un programma è una sequenza di istruzioni. Le espressioni, invece, producono dei valori e sono gli argomenti delle funzioni, ad esempio, una condizione da valutare ecc. Un esempio di dichiarazione è la creazione di una variabile:

```
var test;
```

Un'espressione, invece, è qualcosa di simile:

```
1,74 * 23
```

La differenza tra dichiarazioni ed espressioni è molto più comprensibile dal fatto che JavaScript ha due modi diversi per il costrutto *if-then-else* infatti puoi usare un'espressione in questo modo:

```javascript
var confronto = test >= 0 ? test : 'Valore negativo';
```

In alternativa puoi usare una dichiarazione:

```javascript
var confronto;
if (test >= 0) {
    confronto = test;
} else {
    confronto = 'Valore negativo';
}
```

Avrai notato che ogni riga termina con un punto e virgola, tuttavia, i punti e virgola sono facoltativi in JavaScript per indicare la fine di una dichiarazione. Tuttavia, ti consiglio di includerli sempre nel tuo codice, perché altrimenti l'interprete JavaScript potrebbe valutare in modo errato la fine di un'istruzione, dando vita ad errori. Il punto e virgola termina le istruzioni, ma non i blocchi. Esiste un solo caso in cui vedrai un punto e virgola dopo un blocco: la dichiarazione di una funzione è un'espressione che termina con un blocco. Se tale espressione si trova per ultima in un programma, allora è seguita da un punto e virgola:

```
var laMiaFunzione = function () {...};
```

JavaScript mette a disposizione due tipi di commenti: a riga singola e multi-riga. I commenti a riga singola iniziano con // e terminano alla fine della riga mentre i commenti multi-riga iniziano con /* e terminano con */:

// Commento su singola riga

/* Commento

su più

righe */

Le variabili

Solitamente le variabili vengono dichiarate prima di essere usate e, se necessario, possono essere inizializzate al momento della dichiarazione:

var confronto **= 21;**

Se hai già dichiarato una variabile puoi cambiarne il valore assegnato o il tipo, ad esempio, la variabile appena dichiarata potrebbe assumere come valore un numero diverso o addirittura una stringa senza alcun problema.

```
// Tutte assegnazioni valide
confronto = true;
confronto = 50;
confronto = 'OK';
```

Esistono diversi operatori composti che operano sulle variabili dichiarate nel tuo programma, ad esempio, += ti consente di aggiungere un valore alla tua variabile. Allo stesso modo -=, *=, /= ti consentono rispettivamente di sottrarre, moltiplicare o dividere il valore della tua variabile.

```
var variabile = 10;
variabile += 10;
// -> 20

variabile -= 5;
```

```
// -> 15

variabile *= 2;
// -> 30

variabile /= 3;
// -> 10

variabile++;
// -> 11

variabile--;
// -> 10
```

Oltre agli operatori già descritti abbiamo aggiunto l'operatore ++ e — che consentono rispettivamente di incrementare e decrementare il valore della variabile di una unità.

Ma è possibile denominare una variabile a proprio piacere? Ni. Gli identificatori sono dei nomi che svolgono vari ruoli sintattici in JavaScript. Ad esempio, il nome di una variabile è un identificatore e vi è una distinzione tra maiuscole e minuscole. Il primo carattere di un identificatore può essere qualsiasi lettera Unicode, il simbolo del dollaro ($) o un trattino basso (_). I caratteri successivi, inoltre, possono includere qualsiasi cifra Unicode. Alla luce di ciò, i seguenti sono tutti identificatori validi:

temp0
_test
$variabile

Tuttavia, come in ogni linguaggio di programmazione, esistono delle parole chiave che non possono essere usate come nomi di variabili:

arguments	break	case	catch	class
const	continue	debugger	default	delete
do	else	enum	export	extends
false	finally	for	function	if
implements	import	in	instanceof	interface
let	new	null	package	private
protected	public	return	static	super
switch	this	throw	true	try
typeof	var	void	while	

Capitolo 2
Valori

JavaScript dispone dei classici valori che ci aspettiamo dai linguaggi di programmazione: valori booleani (vero o falso), numeri, stringhe, array e così via. Tutti i valori in JavaScript hanno delle proprietà e ogni proprietà ha una chiave (un nome) e un valore. Puoi pensare alle proprietà come ai campi di un record e per accedervi si utilizza l'operatore punto (.). Le stringhe, ad esempio, dispongono della proprietà length pertanto potremo accedere a tale proprietà della stringa OK come segue:

```javascript
var stringa = 'OK';
stringa.length;
// -> 2
```

JavaScript esegue una distinzione in qualche modo arbitraria tra i valori infatti i valori primitivi sono i booleani, i numeri, le stringhe e i valori null e undefined mentre tutti gli altri valori sono oggetti.

Una grande differenza tra valori primitivi ed oggetti consiste nel modo in cui vengono confrontati; ogni oggetto ha un'identità unica ed è rigorosamente uguale a sé stesso:

```
var oggetto1 = {}; // oggetto vuoto
var oggetto2 = {}; // un altro oggetto vuoto
oggetto1 === oggetto2;
// -> false
oggetto1 === oggetto1;
// -> true
```

Al contrario, tutti i valori primitivi che racchiudono lo stesso valore sono considerati uguali:

```javascript
var variabile1 = 110;
var variabile2 = 110;
variabile1 === variabile2
// -> true
```

I valori primitivi sono detti **immutabili** poiché le proprietà non possono essere aggiunte, modificate o rimosse. Possiamo provare, infatti, a modificare la lunghezza della proprietà length senza modificare la stringa e vedremo che non ci sarà alcun effetto:

```javascript
var stringa = 'OK';
stringa.length;
// -> 2
stringa.length = 5;
stringa.length;
// -> 2
```

Gli oggetti, cioè tutti i valori non primitivi, sono **mutabili** e si dividono in oggetti semplici, array ed espressioni regolari.

Gli oggetti semplici sono composti da proprietà a cui è associato un valore, gli array sono sequenze di valori primitivi o di altri oggetti mentre le espressioni regolari servono per identificare un pattern all'interno di una stringa.

```
// Oggetto semplice
var oggetto = {
    prop1: valore1,
    prop2: valore2
};


// Array
var arr = [1, 5, 10, 15];


// Espressione regolare che cerca dei numeri
var reg = /[0-9]+/;
```

La maggior parte dei linguaggi di programmazione ha dei valori che indicano la mancanza di informazioni. JavaScript dispone di undefined e null: undefined significa "nessun valore" mentre null indica "nessun oggetto". Le variabili che vengono definite ma non inizializzate, ad esempio, sono undefined:

```
var test;
test;
// -> undefined
```

Allo stesso modo sono undefined le funzioni o proprietà di un oggetto che non sono mai state dichiarate:

```
var persona = {};
persona.cammina();
// -> undefined
```

Il valore null, invece, può essere inteso come sinonimo di undefined ma è usato principalmente quando ci si aspetta un oggetto, ad esempio, un parametro di una funzione.

Entrambi i valori, tuttavia, sono considerati come il booleano false perché effettivamente non hanno un valore significativo quindi nelle tue funzioni puoi controllare che un parametro sia diverso da undefined e da null usando l'operatore not (!):

```
if (!variabile) {
    // comandi da eseguire
}
```

Esistono due operatori per classificare i valori: typeof viene utilizzato principalmente per i valori primitivi, instanceof viene utilizzato per gli oggetti. typeof precede la variabile da interrogare mentre instanceof si pone tra la variabile da interrogare e il tipo di oggetto con cui effettuare il confronto:

typeof variabile;
variabile **instanceof** TipoOggetto;

Di seguito vediamo quali sono i valori restituiti da typeof:

Operando	Risultato
undefined	'undefined'
null	'object'
Valore booleano	'boolean'
Valore numerico	'number'
Stringa	'string'
Funzione	'function'

Operando	Risultato
Tutti gli altri	'object'

instanceof, invece, restituisce soltanto true o false in base al confronto:

[] **instanceof** Array

// -> true

{} **instanceof** Object

// -> true

[] **instanceof** Object // Array deriva da Object

// -> true

null **instanceof** Object

// -> false

undefined **instanceof** Object

// -> false

Booleani

Il tipo primitivo boolean comprende i valori true e false. I seguenti operatori producono valori booleani:

- Operatori logici binari: && (and), || (or)
- Prefisso operatore logico: ! (not)
- Operatori di uguaglianza: ===, ! ==, ==, !=
- Operatori di confronto (per stringhe e numeri): >, >=, <, <=

Ogni volta che JavaScript prevede un valore booleano (ad es. per valutare la condizione di un'istruzione if), è possibile utilizzare qualsiasi operatore tra quelli elencati. L'interprete JavaScript si occuperà di valutare l'espressione come vera o falsa.

Esistono, tuttavia, dei valori che sono interpretati come falsi: undefined, null, il numero 0, il valore NaN e la stringa vuota ''.

Tutti gli altri valori (compresi tutti gli oggetti) sono considerati veri. La funzione Boolean(parametro) converte il suo parametro in input in un booleano. Puoi usarlo per testare come viene interpretato un valore dall'interprete JavaScript:

```javascript
Boolean(0);
// -> false


Boolean(5);
// -> true


Boolean(undefined);
// -> false
```

Durante la creazione del tuo codice spesso dovrai usare gli operatori logici and, or o not per aggiungere delle condizioni al tuo codice. L'operatore and restituisce vero se entrambe le espressioni, alla sua sinistra e alla sua destra, sono vere, restituisce falso altrimenti. L'operatore or restituisce vero se almeno una delle due condizioni è vera, falso altrimenti mentre not si limita ad invertire il valore da vero a falso e viceversa.

Gli operatori logici binari in JavaScript valutano inizialmente la prima espressione e, se è sufficiente per determinare il risultato, la seconda non viene valutata. Ad esempio, nelle seguenti espressioni, la funzione verificaForm() non viene mai invocata:

```
false && verificaForm()
true || verificaForm()
```

JavaScript dispone di due modi per verificare l'uguaglianza, avrai notato che è possibile usare == o ===. L'operatore di uguaglianza in senso stretto (===) si comporta in modo identico all'operatore di uguaglianza (==) tranne per il fatto che non viene effettuata alcuna conversione di tipo e i tipi devono essere gli stessi per essere considerati uguali. L'operatore == confronterà l'uguaglianza dopo aver effettuato le opportune conversioni di tipo. L'operatore === non eseguirà la conversione, quindi se due valori non sono dello stesso tipo, restituirà false.

Numeri

In JavaScript, tutti i numeri sono in virgola mobile quindi è verificata la seguente uguaglianza:

5 === 5.0

// -> true

Esistono anche valori speciali come NaN e Infinity, il primo si ottiene, ad esempio, quando si tenta di convertire in numero una stringa mentre il secondo è più grande di qualsiasi altro numero (tranne NaN). Allo stesso modo, -Infinity è più piccolo di qualsiasi altro numero (tranne NaN).

Stringhe

Le stringhe possono essere create direttamente con virgolette singole (') o doppie (") ed includendo il testo della stringa. La barra rovesciata (\) indica dei caratteri speciali ed è utile per i caratteri di controllo. Ecco alcuni esempi:

```
'pippo'
"test"
```

```
'Mi piace JS'
'anche se non l\'ho mai usato prima'
```

```
'Riga 1\nRiga 2'  // \n indica una nuova riga
'Backslash: \\'
```

È possibile accedere ai singoli caratteri delle stringhe tramite le parentesi quadrate, ad esempio, per accedere al terzo carattere della stringa pippo useremo:

```
var stringa = 'pippo';
str[2];
// -> p
```

Come tutti tipi i primitivi anche le stringhe sono immutabili; è necessario creare una nuova stringa per cambiarne una esistente.

Le stringhe possiedono il metodo length per accedere alla lunghezza della stringa stessa mentre per concatenare due stringhe è possibile usare il segno +.

```
var str = '';
str += 'Questa ';
str += 'è ';
str += 'una stringa ';
str += 'concatenata.';
str;
// -> 'Questa è una stringa concatenata.'
```

Vediamo qualche metodo delle stringhe che può tornarci utile in seguito. Quando è necessario estrarre una parte di una stringa, il metodo slice(inizio, fine) può rivelarsi molto utile:

```
'pippo'.slice(2);
// -> 'ppo'
```

```
'pippo'.slice(1, 2);
// -> 'i'
```

```
'pippo'.slice(-3);
// -> 'ppo'
```

Il metodo split(separatore, limite), invece, estrae le sottostringhe che sono delimitate da un separatore e le restituisce sottoforma di array. Il metodo ha due parametri:

- separatore: una stringa o un'espressione regolare. Se manca, viene restituita la stringa completa, racchiusa in un array.

- limite: se indicato, l'array restituito contiene al massimo limite numero di elementi.

```
'a,  b,c, d'.split(','); // divido usando la virgola
// -> [ 'a', ' b', 'c', ' d' ]
```

```
'a,  b,c, d'.split(/,/) // espressione regolare
// -> [ 'a', ' b', 'c', ' d' ]
```

```
'a,  b,c, d'.split(/, */, 2) // imposto un limite
// -> [ 'a', 'b' ]
```

```
'test'.split() // non fornisco parametri
// -> [ 'test' ]
```

Esiste un metodo nativo per eliminare tutti gli spazi bianchi ad inizio e fine stringa ed è denominato trim() così come puoi rendere i caratteri di una stringa tutti maiuscoli o tutti

minuscoli rispettivamente con toLowerCase()
e toUpperCase():

```
'   ci sono spazi bianchi  '.trim();
// -> ci sono spazi bianchi


'Mi piace JavaScript'.toLowerCase();
// -> mi piace javascript


'Mi piace JavaScript'.toUpperCase();
// -> MI PIACE JAVASCRIPT
```

Infine, ma non meno importante, puoi usare
indexOf(stringaDaCercare, posizione) per
trovare una stringa all'interno di un'altra. Il
valore predefinito della posizione di partenza
è 0 e restituisce la prima posizione in cui è
stata trovata la stringaDaCercare o -1 se non
è stata trovata:

```
'pippo'.indexOf('i');
```

```
// -> 1
```

```
'pippo'.indexOf('p');
// -> 0
```

In questo caso la lettera p appare più volte ma il metodo restituisce solo la prima occorrenza ovvero la posizione 0.

Capitolo 3
Condizioni e cicli

Condizione IF

Supponiamo di creare un'app per un quiz quindi vogliamo creare un messaggio che chieda all'utente: "Dove vive il Papa?". Se l'utente risponde correttamente, viene visualizzato un messaggio con le congratulazioni altrimenti viene mostrato un messaggio di errore. Questo è il codice:

```
var risposta = prompt("Dove vive il Papa?");
if (risposta === "Vaticano") {
 alert("Corretto, bravo!");
}
```

Se l'utente inserisce "Vaticano" nel campo dedicato all'input, viene visualizzato il messaggio di congratulazioni, se scrive qualcos'altro, non succede nulla. Analizziamo cosa succede. Un'istruzione if è un'istruzione decisionale e ti consente di eseguire azioni in base al valore delle variabili. In questo caso si testa la variabile a cui è stata assegnata la risposta dell'utente e se ha un valore pari alla stringa "Vaticano" la condizione è vera, quindi si esegue un'azione. Potrebbe essere eseguito un qualsiasi numero di istruzioni ma in questo caso, viene eseguita una sola istruzione: visualizzando un messaggio con le congratulazioni. La prima riga di un'istruzione if termina con una parentesi graffa aperta. Ogni istruzione in JavaScript deve terminare con un punto e virgola (;) ma questa è un'eccezione alla regola. È comune omettere il punto e virgola ma è consigliato perchè l'interprete JavaScript potrebbe valutare in modo errato una condizione a seguito della mancanza del punto e virgola, ciò creerebbe diversi problemi nell'esecuzione del programma.

Un altro aspetto importante da tenere a mente se stai confrontando una variabile è che non puoi utilizzare il segno uguale (=). Spesso si dimentica questa regola e si utilizza un segno uguale quando si dovrebbe usare il segno di uguaglianza in senso stretto (===) pertanto il codice non viene eseguito correttamente.

```javascript
/* Errato, stiamo assegnando
 Vaticano a risposta
*/
if (risposta = 'Vaticano') {
 alert("Corretto, bravo!");
}


/* Corretto, stiamo valutando
```

```
  la variabile
*/
if (risposta === 'Vaticano') {
 alert("Corretto, bravo!");
}
```

Alcuni programmatori scrivono istruzioni if senza parentesi graffe, sia chiaro che è consentito. Trovo più semplice non dover prendere decisioni caso per caso, quindi, una volta scelto il tuo stile di programmazione, formatta tutte le istruzioni if nello stesso modo. Puoi scegliere di scrivere tutto su una riga o su più righe così come sei libero di usare o non usare le parentesi.

Condizione IF...ELSE

Nel caso precedente se la condizione non è verificata non succede nulla. Sarebbe utile mostrare un messaggio di errore all'utente nel caso in cui la risposta fosse sbagliata. Potremmo usare un costrutto simile negando la condizione ma sarebbe poco elegante. È consigliato usare il costrutto if...else che copre tutti i casi senza che il programmatore abbia l'onere di negare le condizioni dell'if infatti tali condizioni potrebbero essere complesse. Questo ti potrebbe far inciampare in errori.

```javascript
if (risposta === 'Vaticano') {
 alert("Corretto, bravo!");
} else {
 alert("Risposta sbagliata!"); }
```

Con questo costrutto non ci facciamo carico di negare la condizione ma lo fa JavaScript per noi. Esiste, tuttavia, l'**operatore ternario** che esegue lo stesso tipo di valutazione:

```javascript
alert(risposta === 'Vaticano' ? "Corretto, bravo!" : "Risposta sbagliata!");
```

La parte prima del punto interrogativo è la condizione da valutare e, se vera, viene eseguita l'azione descritta tra il punto interrogativo e i due punti. In caso contrario verrà eseguita l'azione dopo i due punti e che corrisponde al blocco else.

È possibile testare ulteriori condizioni in questo modo con il costrutto else...if:

```
if (risposta === 'Vaticano') {
 alert("Corretto, bravo!");
} else if (risposta === 'Roma') {
 alert("Sii più specifico!");
} else {
 alert("Risposta sbagliata!");
}
```

Ci sono così tanti modi per formattare questi costrutti dato che la gamma di possibilità è quasi infinita. L'essenziale è che lo stile di programmazione adottato sia facile da leggere, coerente ed induca all'errore il meno possibile.

Usando l'istruzione if, hai imparato a verificare una sola condizione ma supponiamo che si debbano soddisfare due condizioni affinché un test abbia successo. Ad esempio, se vogliamo che anche la risposta 'Il Vaticano' sia accettata possiamo testare una combinazione di condizioni in JavaScript usando gli operatori logici AND (&&) e OR (||).

```javascript
if (risposta === 'Vaticano' || risposta === 'Il Vaticano') {
  alert("Corretto, bravo!");
} else if (risposta === 'Roma') {
  alert("Sii più specifico!");
} else {
  alert("Risposta sbagliata!");
}
```

Puoi utilizzare gli operatori logici come preferisci per aggiungere altre condizioni o modificarle. Per migliorare la leggibilità del codice, tuttavia, consiglio di strutturare bene il codice e limitare l'uso di operatori logici, creando delle funzioni.

IF innestati

È possibile innestare più blocchi if, se necessario. In questo modo le clausole innestate saranno in AND con le clausole più esterne. Di seguito esiste solo un blocco innestato:

```
if (risposta) {
 if (risposta === 'Vaticano') {
  alert("Corretto, bravo!");
 }
}
```

Se la condizione testata dal livello superiore if - ovvero risposta è valorizzata in qualche modo - è falsa, nessun blocco di codice all'interno della clausola verrà eseguito. La parentesi graffa aperta sulla linea 1 e la parentesi graffa chiusa sull'ultima linea racchiudono tutto il codice nidificato. Per leggibilità, un livello innestato può essere indentato di 2 spazi rispetto al livello precedente. Questo è un semplice esempio ma quando le cose si fanno davvero complicate, gli if annidati sono un ottimo modo per scrivere del codice più articolato.

Ciclo FOR

Il ciclo for offre un modo conciso, compatto e rapido per iterare su una collezione di elementi o su un array. Consideriamo questo ciclo:

```javascript
for (var i = 0; i <= 4; i++) {
 if (i === 4) {
  alert("Sto valutando l'ultimo elemento");
 }
}
```

Analizzando questo codice possiamo notare che la prima riga contiene la parola chiave for e poi sono definite tre espressioni.

Nella prima espressione viene dichiarata una variabile che conta le iterazioni e viene impostata su un valore iniziale, in questo caso 0. Nella seconda espressione viene definito il limite sul ciclo infatti deve continuare fino a quando il contatore non supera 4. Poiché il contatore, in questo caso, inizia da 0, il ciclo verrà eseguito 5 volte.

Cosa succede al contatore alla fine di ogni ciclo? In questo caso, il contatore viene incrementato ogni volta. Le tre specifiche tra parentesi sono sempre nello stesso ordine:

1. Dichiarazione ed inizializzazione del contatore (di solito chiamato i)
2. Quanti cicli eseguire
3. Come modificare il contatore dopo ogni iterazione (in genere viene incrementato di 1 unità ad ogni iterazione)

Puoi usare qualsiasi nome consentito in JavaScript per denominare il tuo contatore, per convenienza si usa i che è l'abbreviazione di indice. I programmatori, di solito, usano i anche perché mantiene compatta la prima riga del ciclo. Nell'esempio, il contatore è inizializzato a 0 ma potrebbe essere un qualsiasi numero, a seconda delle tue esigenze.

Nell'esempio, il contatore aumenta con ogni iterazione. Ma, a seconda delle tue esigenze, puoi ridurlo, aumentarlo di 2 unità o modificarlo in qualche altro modo ad ogni iterazione. Nell'esempio specifico, il ciclo deve essere eseguito fino a quando i è minore o uguale a 4. In alternativa, avrei potuto specificare i < 5 ma, ad ogni modo, poiché il contatore inizia da 0, il ciclo viene eseguito 5 volte.

Modifichiamo il ciclo in modo che inizi da 5 e termini quando i è minore o uguale a 10, lasciando il resto invariato:

```javascript
for (var i = 5; i <= 10; i++) {
if (i === 4) {
 alert("Sto valutando l'ultimo elemento");
}
}
```

Talvolta può essere utile scoprire se una condizione all'interno di un ciclo è stata eseguita. In questo caso la condizione if non sarà mai vera però possiamo esserne certi impostando un flag. Il flag sarà modificato solo se la condizione è verificata:

```javascript
var flag = 'non eseguito';


for (var i = 5; i <= 10; i++) {
 if (i === 4) {
  alert("Sto valutando il penultimo elemento");
  flag = 'eseguito';
 }
}


alert(flag);
// -> 'non eseguito'
```

Questo è un esempio banale ma, se applicato a contesti più complessi, è un ottimo stratagemma per verificare l'esecuzione di un blocco if.

Possiamo migliorare l'esempio se, al posto di una stringa, usassimo un valore booleano come true o false. L'esempio diventerebbe più chiaro:

```javascript
var eseguito = false;


for (var i = 5; i <= 10; i++) {
 if (i === 4) {
  alert("Sto valutando il penultimo elemento");
  eseguito = true;
 }
}


alert(flag);
// -> false
```

Modifichiamo un po' il nostro esempio per consentirci di affrontare un altro problema. Come sappiamo, le risorse sono preziose pertanto bisogna evitare lo spreco di cicli di calcolo. Supponiamo che il contatore venga inizializzato a 0 e il ciclo si interrompa quando il contatore è maggiore di 200.

```javascript
var eseguito = false;


for (var i = 0; i <= 200; i++) {
 if (i === 4) {
  alert("Sto valutando il quinto elemento");
  eseguito = true;
 }
}


alert(flag);
// -> true
```

Poco dopo l'avvio del programma viene trovata una corrispondenza e viene visualizzato l'avviso. Nel modo in cui è stato scritto il ciclo, esso continua a valutare tutti i casi fino alla fine ma noi siamo interessati solo al quinto elemento. Tutti i cicli dal sesto elemento in poi non sono necessari, poiché abbiamo già ottenuto la nostra risposta. Il problema viene risolto con la parola chiave break.

```
var eseguito = false;


for (var i = 0; i <= 200; i++) {
if (i === 4) {
  alert("Sto valutando il quinto elemento");
  eseguito = true;
  break;
 }
}
```

```js
alert(flag);
// -> true
```

In questo caso dopo aver valutato il quinto elemento si uscirà dal ciclo senza sprecare preziose risorse, che possono essere impiegate per altri task.

Puoi innestare due cicli for e questo meccanismo è utile, ad esempio, per popolare delle matrici:

```js
var matrice = [];

for (var i = 0; i < 5; i++) {
 matrice[i] = [];
 for (var j = 0; j < 5; j++) {
    matrice[i][j] = 0;
 }
}
```

```javascript
alert(JSON.stringify(matrice));
// ->
[[0,0,0,0,0],[0,0,0,0,0],[0,0,0,0,0],[0,0,0,0,0],[0,0,0,0,0]]
```

Come vedi abbiamo dichiarato e valorizzato una matrice quadrata di dimensioni 5x5. Il valore inserito per l'inizializzazione è 0 ma potrebbe essere un qualsiasi altro valore.

Ecco alcune considerazioni riguardo i cicli innestati: il ciclo interno esegue un ciclo completo di iterazioni su ogni iterazione del ciclo esterno. Se il contatore del ciclo esterno è i e il contatore del ciclo interno è j, j eseguirà il ciclo da 0 fino a 4 mentre i è fermo a 0. Quindi i verrà incrementato di 1 unità, j eseguirà lo stesso ciclo su di nuovo tutti i suoi valori. Puoi pensare ai cicli innestati come un orologio infatti il ciclo esterno è la lancetta dei minuti di un orologio mentre il ciclo interno è la lancetta dei secondi. Puoi avere tutti più cicli innestati, tuttavia, per motivi di performance non è consigliato innestare più di due cicli.

PS: il metodo JSON.stringify() ti consente di avere una stringa pronta per essere scritta su file.

While

Se il ciclo for ti è sembrato troppo difficile da usare o troppo complesso da ricordare sicuramente il ciclo while ti piacerà. Un ciclo while ha lo stesso compito di un ciclo for, ma è organizzato in modo diverso. Solo il termine intermedio del ciclo for viene specificato tra parentesi ovvero per quanto tempo durerà il ciclo. Il contatore viene definito prima della prima riga del blocco while e viene aggiornato all'interno del codice eseguito durante l'esecuzione del ciclo.

L'ultimo esempio, quindi, diventa:

```javascript
var matrice = [];
var i = 0;


while (i < 5) {
 matrice[i] = [];
 j = 0;
 while (j < 5) {
    matrice[i][j] = 0;
    j++;
 }
 i++;
}


alert(JSON.stringify(matrice));
// ->
[[0,0,0,0,0],[0,0,0,0,0],[0,0,0,0,0],[0,0,0,0,0],[0,0,0,0,0]]
```

Si tratta sempre di due cicli innestati e il risultato sarà uguale, come vedi, cambia soltanto la sintassi. In sostanza, un ciclo while è organizzato esattamente come un ciclo for. Le parentesi racchiudono la condizione del ciclo mentre le parentesi graffe racchiudono il codice che viene eseguito durante il ciclo. Poiché qualsiasi ciclo for può essere tradotto in un ciclo while e viceversa, puoi usare quello che preferisci visto che sono equivalenti.

Do...While

Un altro costrutto utile è il do...while che consente di eseguire delle operazioni nel blocco do e, successivamente, ripeterle proprio come il costrutto while. La clausola while in questo costrutto, inclusa l'espressione di limitazione del ciclo all'interno delle parentesi, si sposta in basso, dopo la parentesi graffa del blocco do. Si noti che la clausola while termina con un punto e virgola. Dal punto di vista funzionale, la differenza tra un ciclo while e un ciclo do... while consiste nella possibilità di codificare un'istruzione while il cui blocco di istruzioni non viene mai eseguito. Considera questo ciclo while:

```
var i = 0;
while (i < 0) {
 alert(i);
 i++;
}
```

Il codice impone di continuare a mostrare un avviso fino a quando il contatore i è inferiore a 0. Poiché il contatore non è mai inferiore a 0, il codice all'interno delle parentesi graffe non viene mai eseguito. Confronta questo con il ciclo do... while:

```javascript
var i = 0;
do {
 alert(i);
 i++;
} while (i < 0);
```

In questo caso l'avviso verrà visualizzato una volta, anche se la condizione "i inferiore a 0", non si verifica mai. Poiché un ciclo do...while esegue il codice all'interno delle parentesi graffe prima di raggiungere la condizione del ciclo nella parte inferiore, eseguirà sempre quel blocco di istruzioni almeno una volta, indipendentemente dalla condizione del while.

Capitolo 4
Funzioni

Una funzione è un blocco di codice JavaScript che automatizza ripetutamente un comportamento ogni volta che invochi il suo nome. Questo ti consente di non ripetere il tuo codice rendendolo più facile da capire. Sul tuo sito Web, supponi che ci siano diverse pagine in cui desideri visualizzare un avviso che indica all'utente l'ora corrente, il codice potrebbe apparire come il seguente:

```javascript
var adesso = new Date();
var ore = adesso.getHours();
var minuti = adesso.getMinutes();
alert("Sono le " + ore + ":" + minuti);
```

Puoi scrivere questo blocco di codice più e più volte, ogni volta che ne hai bisogno oppure potresti scriverlo una sola volta come funzione, rinominandolo, ad esempio, mostraOrario. Dopodiché, questo è l'unico codice di cui hai bisogno per eseguire l'intero blocco:

```
mostraOrario();
```

Ogni volta che JavaScript troverà questa breve affermazione, verrà eseguito il blocco per mostrare l'orario. Ecco come impacchettare il codice per una funzione riusabile:

```
function mostraOrario () {
 var adesso = new Date();
 var ore = adesso.getHours();
 var minuti = adesso.getMinutes();
 alert("Sono le " + ore + ":" + minuti);
```

}

Il codice per mostrare l'orario, ovvero il codice che crea un oggetto con Date, estrae l'ora, lo formatta e visualizza un avviso, è esattamente lo stesso codice con cui abbiamo iniziato, ma ora è impacchettato come una funzione.

Alla riga 1 la dichiarazione di una funzione include:

- la parola chiave function
- un nome inventato per la funzione
- parentesi che la identificano come una funzione e che contengono eventuali parametri
- una parentesi graffa aperta e, alla fine, una chiusa per racchiudere il codice che verrà eseguito

All'interno delle parentesi viene eseguito lo stesso blocco di codice che hai usato all'inizio ma è indentato per favorire la leggibilità del codice. Le opinioni su quanto indentare sono discordanti, alcuni ritengono utili gli spazi altri il carattere TAB. Di solito si usa un solo TAB o 2 spazi.

Ancora una volta, nota che il codice chiamante ovvero il codice che invoca la funzione, non fa altro che indicare il nome della funzione, comprese le parentesi.

```
mostraOrario();
```

È possibile assegnare ad una funzione un qualsiasi nome purché sia un nome di variabile consentito in JavaScript, quindi aggiungi le parentesi con gli eventuali parametri da passare alla funzione. La denominazione delle funzioni segue le stesse regole della denominazione delle variabili perché, tecnicamente, una funzione è una variabile. Le funzioni e le istruzioni che le invocano possono essere separate da migliaia di righe di codice ma, in genere, le funzioni si trovano nello stesso file del codice principale, in un file JavaScript esterno, alla fine della sezione del body HTML o nella sezione head di HTML. Di solito, tutte le funzioni dovrebbero precedere il codice in cui sono invocate in modo che quando vengono chiamate dal codice principale, sono già caricate in memoria e pronte per l'uso.

Uso dei parametri

Una delle cose veramente utili sulle funzioni è che le parentesi nel codice chiamante non devono necessariamente essere vuote. Se si inseriscono alcuni dati tra parentesi, è possibile passare tali dati alla funzione, questi dati verranno utilizzati durante l'esecuzione. Supponiamo, di creare una funzione salutaUtente che saluta l'utente dopo aver effettuato il login alla nostra applicazione.

Ci basterà scrivere salutaUtente(nomeUtente); per passare il valore della variabile nomeUtente alla funzione. In questo caso, invece di invocare semplicemente la funzione, la stai invocando e le passi i dati. La stringa tra parentesi, cioè i dati che stai passando, è chiamata **argomento**. La funzione ora è più versatile, perché il messaggio che visualizza non è più uguale per tutti ma dipende da una variabile.

Puoi anche creare una funzione più astratta che visualizza un messaggio passato in input. Questa funzione visualizzerebbe qualsiasi messaggio che gli passi dal codice chiamante, tramite l'argomento. Per fare ciò, è necessario configurare la funzione per

ricevere i dati che si stanno trasmettendo.
Ecco come è possibile farlo:

```javascript
function salutaUtente(nome) {
    alert('Ciao, ' + nome);
}
```

Adesso che abbiamo riempito le parentesi in fase di definizione della funzione, è possibile invocarla in due modi:

```javascript
salutaUtente('Antonio');
```

oppure

```javascript
var nomeUtente = 'Antonio';
salutaUtente(nomeUtente);
```

Le parentesi del codice chiamante contengono un argomento. Negli esempi puoi vedere che nel primo caso l'argomento è una stringa mentre nel secondo caso si tratta di una variabile. Una variabile tra le parentesi in una dichiarazione di funzione è nota come **parametro**. Il nome del parametro dipende da te infatti puoi assegnargli qualsiasi nome purché valido per una variabile. Non è necessario dichiarare una variabile quando viene utilizzata come parametro nella definizione di una funzione ma è molto consigliato.

Il parametro tra parentesi nella definizione della funzione "cattura" i dati passati alla funzione stessa. In altre parole, la stringa "Antonio", specificata nella chiamata alla funzione, viene assegnata a nomeUtente nella funzione perciò quella variabile viene utilizzata per personalizzare il messaggio da visualizzare.

In fase di definizione di una funzione devi assicurarti che il nome del parametro sia esattamente uguale al nome utilizzato nella funzione alert() altrimenti il risultato sarà Ciao, undefined.

Quando invochi la funzione, invece, puoi usare un qualsiasi nome per la variabile che passi come argomento. In tal caso, anche se il nome è diverso da quello definito nella funzione, quest'ultima catturerà il valore della variabile.

È possibile passare un numero qualsiasi di argomenti ad una funzione, purché separati da virgole. JavaScript abbina argomenti e parametri in base al loro ordine con cui sono stati specificati e non in base ai loro nomi. Il primo argomento nell'elenco viene passato al primo parametro nell'elenco, il secondo argomento viene passato al secondo parametro e così via. Come argomenti, puoi utilizzare qualsiasi combinazione di variabili, stringhe e numeri. Nell'esempio seguente, il codice chiamante passa una variabile, una stringa e un numero alla funzione. Viene catturato il valore di questi tre parametri e la funzione li concatena per creare un messaggio di avviso:

```javascript
function mostraAccesso(nome, stringa, numero);
 alert('Ciao, ' + nome + stringa + num);
}
```

Quindi invochiamo la funzione come segue:

```javascript
var nomeUtente = 'Antonio';
mostraAccesso(nomeUtente, '. Questo è il tuo accesso n. ', 1);
```

L'argomento nomeUtente, che è una variabile, viene passato al parametro nome. La stringa che indica il numero dell'accesso viene passata al parametro stringa. L'argomento 1, che è un numero, viene passato al parametro numero. Quando il codice viene eseguito, verrà visualizzato un avviso che recita "Ciao, Antonio. Questo è il tuo accesso n. 1".

Di solito, tutti i parametri inclusi nella definizione della funzione sono usati nell'invocazione, altrimenti perché definirli? In realtà devi sapere che puoi definirli ma non sei obbligato ad usarli tutti.

Restituire un valore

Come appreso nell'ultimo capitolo, una funzione diventa più interessante quando si passano i dati ad essa in modo da poter creare un compito personalizzato. Ma una funzione può fare ancora di più infatti può restituire i dati elaborati al codice che ha invocato la funzione. Supponiamo che addebiti una tariffa di spedizione minima di 5€, più il 3 percento del totale della merce superiore a 50€, fino a 100€. Offri la spedizione gratuita quando il totale è uguale o superiore a 100€. Ecco il codice che calcola il totale dell'ordine:

```
var ordineTot;
if (merceTot >= 100) {
 ordineTot = merceTot;
}
else if (merceTot < 50.01) {
```

```
  ordineTot = merceTot + 5;
}
else {
 ordineTot = merceTot + 5 + (.03 * (merceTot
- 50));
}
```

Se il totale della merce è di almeno 100€ (riga 2), il totale dell'ordine è uguale al totale della merce (riga 3). Se il totale della merce è pari o inferiore a 50€ (riga 5), il totale dell'ordine è pari al totale della merce più 5€ (riga 6). Se il totale dell'ordine è compreso tra 50€ e 100€ (riga 8), il totale dell'ordine è il totale della merce più 5€ più il 3 percento dell'importo oltre 50€ (riga 9). Se compri qualcosa che costa 150€, in totale pagherai 150€, se costa 15€ il totale è 20€. Se compri qualcosa che costa 70€ pagherai 75,60€ in totale. Ecco come trasformiamo il codice precedente in una funzione:

```javascript
function calcoloTot(merceTot) {
    var ordineTot;
    if (merceTot >= 100) {
     ordineTot = merceTot;
    }
    else if (merceTot < 50.01) {
     ordineTot = merceTot + 5;
    }
    else {
     ordineTot = merceTot + 5 + (.03 *
(merceTot - 50));
    }
    return ordineTot;
}
```

L'aspetto su cui concentrarsi qui è che dichiariamo una variabile, ordineTot (riga 2) e, dopo l'elaborazione, la funzione restituisce il valore conservato al codice chiamante (linea 12) quindi restituisce i dati. Successivamente il codice chiamante ha bisogno di un modo per catturare i dati. Cos'altro potrebbe essere se non una variabile? Ecco il codice che chiama la funzione ed assegna il valore ad una variabile:

```
var totaleAddebito = calcoloTot(80);
```

Stiamo assegnando una funzione ad una variabile? Si, non è poi così strano perché quello che stai effettivamente assegnando alla variabile è il valore restituito dall'istruzione return, che viene passato dalla funzione.

Ora c'è una comunicazione bidirezionale tra il codice chiamante e la funzione. Il codice chiamante passa il valore 80 alla funzione, che viene catturato dal parametro merceTot della funzione. Questa variabile, merceTot, viene utilizzata nel corpo della funzione per calcolare il totale dell'ordine. Tramite l'istruzione return, il totale dell'ordine viene restituito a totaleAddebito nel codice chiamante.

Nota bene che la variabile nel codice chiamante, totaleAddebito, che rileva il valore è diversa dalla variabile all'interno della funzione, merceTot, che restituisce il valore. È stato fatto di proposito, quindi non pensare che le due variabili debbano condividere lo stesso nome.

Lo stesso vale per la variabile restituita da una funzione e la variabile nel codice chiamante che la cattura. Possono condividere lo stesso nome, ma non è necessario. Laddove è possibile utilizzare una variabile, è possibile utilizzare una funzione, infatti tecnicamente, una funzione è una variabile. Ad esempio, è possibile specificare il messaggio da mostrare nella funzione alert come segue:

```
alert(calcoloTot(80));
```

Abbiamo imparato che puoi passare qualsiasi numero di argomenti ad una funzione. Sfortunatamente, non hai questa flessibilità con la parola chiave return. Indipendentemente dal numero di parametri che richiede o dalla quantità di elaborazione, una funzione può restituire uno ed un solo valore al codice chiamante. Per ovviare a questo problema è possibile, tuttavia, restituire un oggetto con più elementi o un array.

Tipi di variabili

Un tema da affrontare e molto delicato riguarda il tipo di variabili nei programmi JavaScript, o meglio, la differenza tra variabili **globali** e **locali**. Alcune variabili sono definite a livello globale, il che le rende variabili globali, altre variabili sono definite in una funzione, il che le rende variabili locali per la funzione. In realtà, una variabile globale è dichiarata nel corpo principale del codice quindi non all'interno di una funzione.

Una variabile locale è dichiarata all'interno di una funzione. Può essere un parametro della funzione, che viene dichiarato implicitamente da un nome come parametro o una variabile dichiarata esplicitamente nella funzione con la parola chiave var. Ciò che rende globale una variabile globale è la sua significatività in ogni sezione del codice, sia nel corpo principale sia in una qualsiasi delle funzioni. Una variabile locale è significativa solo all'interno della funzione dove è dichiarata. Quindi ci sono due differenze tra variabili globali e locali: dove sono dichiarate e dove sono possono essere utilizzate.

Prima di mostrarti l'esempio, metti da parte ciò che sai sul passaggio di valori ad una funzione tramite argomenti e sul passaggio di un valore al codice chiamante tramite l'istruzione return. Innanzitutto, nel codice principale, dichiaro una variabile seguita da una chiamata ad una funzione:

```
var somma;
aggiungiNumeri();
function aggiungiNumeri() {
  somma = 3 + 3;
}
```

Nell'esempio, la variabile somma è dichiarata nel codice principale e la funzione aggiungiNumeri viene chiamata per assegnargli un valore. Essendo stata dichiarata nel codice principale, la variabile ha visibilità globale quindi questa funzione o qualsiasi altra funzione può usarla. La funzione assegna la somma di 3 + 3 a questa variabile globale. Poiché la variabile ha visibilità globale, l'assegnazione è significativa in tutte le sezioni del codice, sia nel codice principale che in tutte le funzioni. La variabile ora ha il valore 6 sia nella funzione aggiungiNumeri, sia nel codice principale e in ogni altra funzione che la utilizza.

Attenzione perché se dichiaro la variabile all'interno della funzione in questo modo:

```
function aggiungiNumeri() {
 var somma = 3 + 3;
}
```

La variabile ha il valore 6 solo all'interno della funzione infatti in tutte le altre funzioni è sconosciuta e non ha alcun valore. Poiché la variabile somma è dichiarata con la parola chiave var all'interno della funzione e non nel codice principale, la sua visibilità (anche detta **scope**) è locale. È significativo solo all'interno della funzione mentre in altre funzioni e nel codice principale ha valore undefined.

Diciamo che una variabile ha visibilità locale quando la dichiari in una funzione. "Dichiarandola in una funzione" intendiamo dire che dichiari esplicitamente la variabile con la parola chiave var, invece di introdurla casualmente nella funzione senza tale parola chiave. Se si inizia ad utilizzare una nuova variabile nel corpo di una funzione senza dichiararla esplicitamente nella funzione con la parola chiave var, tale variabile è globale, anche se non l'hai dichiarata in nessun punto del codice principale. Adesso dichiarerò una variabile sia nel codice principale che nella funzione:

```
var somma = 100;
aggiungiNumeri();
function aggiungiNumeri () {
 var somma = 3 + 3;
}
```

Dichiarando la variabile due volte, una volta nel codice principale e una volta nella funzione, ho creato due variabili diverse che condividono lo stesso nome. Una variabile somma è globale, l'altra è locale. Questo non è qualcosa che dovresti mai fare - potresti incorrere in errori di codifica e rendere il tuo codice quasi impossibile da eseguire - ma l'ho fatto per mostrare la differenza tra visibilità globale e locale.

Dichiarando somma una volta nel codice principale e di nuovo nella funzione, ho creato una variabile globale utilizzabile ovunque e una variabile locale con lo stesso nome utilizzabile solo all'interno della funzione. La variabile globale può essere usata ovunque tranne all'interno della funzione. All'interno della funzione, il nome somma indica una variabile locale, quindi il nome non può fare riferimento alla variabile globale. In questa situazione si dice che la variabile globale è "oscurata" dalla variabile locale infatti all'interno della funzione, non può essere vista. La variabile locale somma ha un valore di 6 all'interno della funzione, ma somma al di fuori della funzione ha un valore pari a 100.

Tutto questo ci porta ad una riflessione: se una funzione può usare una variabile globale, perché devi passare un valore da un argomento a un parametro? Perché non dichiarare semplicemente una variabile globale, quindi utilizzarla per la funzione? In realtà è possibile farlo ma ti espone a dei rischi riguardo la sicurezza. È sempre meglio passare dei valori in modo esplicito alle funzioni tramite argomenti piuttosto che usare variabili globali.

La stessa logica si applica all'istruzione return. È possibile modificare il valore di una variabile globale all'interno di una funzione senza la necessità di usare return. In questo caso, il valore cambia ovunque, anche nel codice principale. Sia chiaro che non è necessaria l'istruzione return ma è caldamente consigliato usare una variabile locale all'interno della funzione per poi restituire esplicitamente quel valore attraverso un'istruzione return.

Capitolo 5
Gli eventi

Un buon sito Web è un sito reattivo dove l'utente esegue un'azione: un clic su un pulsante, sposta il mouse, preme un tasto e, in modo conseguente si innesca un'azione. JavaScript ti offre molti modi per rispondere alle esigenze dell'utente, ad esempio, immaginiamo che l'utente digiti un numero nel campo "kg" in un form. Quando l'utente modifica l'unità di misura in "grammi", viene visualizzato l'equivalente in grammi.

Un altro esempio si verifica quando l'utente ha inserito il suo indirizzo e-mail in un form e sta per scrivere un commento. Non appena sposta il cursore dal campo e-mail al campo del commento, JavaScript verifica se l'indirizzo e-mail è valido. Nel caso in cui non sia valido viene visualizzato un messaggio che lo informa di inserire un indirizzo e-mail valido.

Il codice JavaScript che risponde ad un evento è chiamato **gestore di eventi**. Vediamo un primo evento da gestire:

```html
<a href="#"
onClick="salutaUtente('Utente');">Click</a
>
```

Se conosci HTML, sai che di solito nel campo href viene specificata una pagina o un sito Web a cui collegarsi ma, quando l'utente fa clic sul link in esempio, questo si comporta diversamente. Invece di portare l'utente su un'altra pagina o su un altro sito, viene visualizzato un alert che dice "Ciao, Utente".

Quando l'utente fa clic sul link, non viene reindirizzato da nessuna parte e, invece, viene eseguita un'istruzione JavaScript, in questo caso chiamando una funzione. Quando l'utente fa clic sul collegamento, in questo caso non si desidera caricare una nuova pagina Web, quindi, anziché un URL, si inserisce un # tra virgolette per l'attributo href. Questo dice al browser di ricaricare la pagina corrente mentre onClick dice al browser: "Quando si fa clic sul pulsante, esegui il seguente codice JavaScript."

onClick, così come gli altri gestori di eventi, non fa distinzione tra maiuscole e minuscole. Potresti scrivere onclick, ONCLICK o OnClIcK e funzionerebbe comunque ma secondo la convenzione si usa onClick, quindi ti consigliamo di usare questa notazione.

Il messaggio all'interno delle parentesi è racchiuso tra virgolette singole e non tra virgolette doppie per consentire all'interprete JavaScript di distinguere la funzione dal parametro. Nel codice JavaScript, non è consentito nidificare virgolette doppie tra virgolette doppie o virgolette singole all'interno di virgolette singole quindi poiché l'intera istruzione JavaScript è racchiusa tra virgolette doppie, è necessario racchiudere il messaggio di avviso tra virgolette singole.

Questo crea un problema con il markup infatti <a href = "#" indica al browser di ricaricare la pagina. Ciò significa che se l'utente si è spostato verso il fondo della pagina fino al link, il click, oltre ad eseguire il codice JavaScript, riporterà l'utente in alto nella pagina, un'azione che normalmente non è desiderata. Per correggere questo errore puoi usare:

```
<a href="javascript:void(0)"
onClick="salutaUtente('Utente');">Click</a
>
```

Ora hai esattamente quello che vuoi e non succede nulla a parte l'esecuzione del codice JavaScript. Nell'esempio sopra, il click esegue solo una singola istruzione JavaScript ma non vi è alcun limite al numero di istruzioni JavaScript che è possibile racchiudere tra le virgolette.

Tuttavia, come vedrai, ci sono modi migliori per attivare JavaScript piuttosto che impacchettare più istruzioni in un evento onClick. Vediamo come usare più istruzioni in un evento onClick:

```html
<a href="javaScript:void(0)" onClick="var nome='Utente'; salutaUtente(nome);">Click</a>
```

Pulsanti

Supponiamo che quando l'utente fa click su un pulsante, venga visualizzato un alert che dice "Ciao, utente." Ecco il codice:

```html
<input type="button" value="Click"
onClick="salutaUtente('Utente');">
```

Il gestore dell'evento è lo stesso, sia per un link che per un pulsante. Nel seguente esempio, abbiamo un singolo <button> che, se premuto, trasforma lo sfondo in un colore casuale, il codice HTML è:

```html
<button
onClick="cambiaSfondo()">Cambia
colore</button>
```

Il codice JavaScript è il seguente:

```javascript
function casuale(number) {
  return Math.floor(Math.random() *
(number+1));
}


function cambiaSfondo() {
  const colore = 'rgb(' + casuale(255) + ',' +
casuale(255) + ',' + casuale(255) + ')';
  document.body.style.backgroundColor =
colore;
}
```

In questo caso abbiamo introdotto un po' di novità: la funzione Math.floor() che consente di recuperare un numero intero, arrotondato per difetto, del valore passato come parametro; l'uso del document.body per cambiare il colore dello sfondo.

Abbiamo definito una funzione che restituisce un numero casuale mentre la parte finale del codice JavaScript è il gestore dell'evento. Siamo in ascolto per il click sul pulsante grazie alla proprietà onClick. Questo evento invoca una funzione contenente il codice per generare un colore RGB casuale e imposta la proprietà background-color del pulsante pari a questo colore.

Questo codice viene eseguito ogni volta che l'evento click viene attivato dall'elemento <button> ovvero ogni volta che un utente fa clic su di esso.

Mouse

Hai imparato come far reagire agli eventi quando l'utente fa click su un link, un pulsante o altro, utilizzando la gestione degli eventi. Supponiamo che la tua pagina inizialmente mostri un'immagine "prima" di un modello. Quando l'utente passa il mouse sopra l'immagine, questa viene sostituita da un'immagine "dopo". Potresti preferire farlo con CSS, ma poiché si tratta di un libro su JavaScript, ti mostrerò come farlo con un gestore di eventi. Questo è il markup che sostituisce l'immagine precedente con l'immagine successiva:

```
<img src="pic1.jpg"
onMouseover="src='pic2.jpg'">
```

La parola chiave è in camelCase che indica una notazione opzionale ma ampiamente usata: onMouseover. Il segno uguale segue la parola chiave onMouseover, proprio come accade con onClick. Potresti essere sorpreso dal fatto che la risposta all'evento non sia scritta in JavaScript infatti si tratta di markup HTML.

Nota bene: la sorgente dell'immagine deve essere racchiusa tra virgolette singole, a causa delle virgolette doppie che racchiudono l'intera frase e puoi utilizzare il gestore di eventi onMouseover anche con altri elementi HTML in modo simile.

Gli eventi associati al mouse sono davvero tanti perciò, per praticità, li riportiamo in una tabella:

onclick	L'utente clicca su un elemento
oncontextmenu	L'utente fa clic con il pulsante destro del mouse su un elemento per aprire un menu di scelta rapida
ondblclick	L'utente fa doppio clic su un elemento

onmousedown	L'utente preme un pulsante del mouse su un elemento
onmouseenter	L'utente sposta il puntatore su un elemento
onmouseleave	L'utente sposta il puntatore fuori da un elemento
onmouseout	L'utente sposta il puntatore del mouse fuori da un elemento o da uno dei suoi figli
onmouseover	L'utente sposta il puntatore su un elemento o su uno dei suoi figli
onmouseup	L'utente rilascia un pulsante del mouse su un elemento

onmousemove	L'utente sposta il puntatore mentre si trova su un elemento

Capitolo 6
DOM

In JavaScript è possibile recuperare gli elementi presenti nel codice HTML tramite i metodi getElementById e getElementsByTagName. Questi sono spesso i metodi migliori per recuperare degli elementi ma hanno dei limiti. Il primo, getElementById, ti dà accesso solo ai componenti a cui è stato assegnato un ID e non è detto che tutti gli elementi ne abbiano uno. Il secondo, invece, getElementsByTagName, è buono per le modifiche su larga scala ma non è adatto per lavori su elementi specifici. Entrambi gli approcci possono modificare la tua pagina Web ma nessuno dei due è in grado di creare nuovi elementi, spostare quelli esistenti o eliminarli. Fortunatamente, entrambi questi approcci sono solo due dei molti metodi per lavorare con il **Document Object Model**, il DOM.

Il DOM è un organigramma, creato automaticamente dal browser al caricamento della pagina Web, per l'intera pagina Web. Tutti gli elementi sulla tua pagina Web - i tag, i blocchi di testo, le immagini, i collegamenti, le tabelle, gli attributi di stile e altro - corrispondono ad un nodo su questo organigramma. Ciò significa che il tuo codice JavaScript può sfruttare qualsiasi cosa sulla tua pagina Web, semplicemente individuandola in questo grafico. Inoltre, il tuo JavaScript può aggiungere elementi, spostarli o eliminarli semplicemente manipolando il grafico. Potresti anche creare un'intera pagina Web da zero utilizzando i metodi DOM di JavaScript.

```html
<html>
<head>
 <title>
  Titolo
 </title>
</head>
<body>
 <p>Un paragrafo</p>
</body>
</html>
```

Il document è il primo livello e subito sotto troviamo il secondo livello ovvero html. E sotto l'html ci sono due elementi di terzo livello, head e body. Sotto ognuno di questi ci sono altri livelli.

Nell'organigramma DOM, ogni casella rappresenta un nodo. La pagina HTML rappresentata sopra, nella sua forma DOM ripulita, ha 8 nodi: il nodo del document, il nodo html, i nodi head e body, il nodo del titolo, il testo del titolo, un nodo per il paragrafo e uno per il testo del paragrafo. Il nodo del documento è sempre il livello principale.

Puoi fare riferimento a qualsiasi nodo del DOM dicendo che il nodo è il figlio X di un genitore particolare. In alternativa puoi fare riferimento ad un nodo dicendo che è il genitore di un qualsiasi figlio. Considera il seguente HTML:

```
<html>
<head>
 <title>
  Titolo
 </title>
</head>
<body>
 <p>Un paragrafo</p>
</body>
</html>
```

Ad eccezione del nodo del document, ogni nodo è racchiuso in un altro nodo. I nodi <head> e <body> sono racchiusi nel nodo <html>. Il nodo <p> è racchiuso nel nodo <body> e un nodo di testo è racchiuso nel nodo <p>. Quando un nodo è racchiuso in un altro nodo, diciamo che il nodo racchiuso è un figlio del nodo che lo racchiude. Quindi, ad esempio, il nodo <p> è un figlio del nodo <body>. Al contrario, il nodo <body> è il genitore del nodo <p>.

Cercare gli elementi

Ricapitoliamo come è possibile far riferimento agli elementi:

```javascript
var email =
document.getElementById("email");
```

La precedente dichiarazione ha come target l'elemento con id pari a e-mail. Un altro modo per cercare tutti gli elementi di un tipo particolare all'interno del documento è dato dal metodo getElementsByTagName:

```javascript
var paragrafi =
document.getElementsByTagName("p");
```

Dopo aver creato una raccolta di paragrafi, puoi scegliere come target qualsiasi paragrafo all'interno della raccolta in modo da poterne leggere il contenuto, per esempio.

```javascript
var contentuto = p[0].innerHTML;
```

In questo caso abbiamo scelto il primo paragrafo della pagina e abbiamo memorizzato il suo contenuto nella variabile contenuto. Un'alternativa all'elenco di tutti gli elementi di un certo tipo nel documento consiste nel restringere il focus al di sotto del livello del document, ad esempio un div, e quindi creare un riferimento alla collezione di elementi contenuti all'interno di quel div.

```
var divRif =
document.getElementById("div2");
var pRif =
divRif.getElementsByTagName("p");
var contenuto = pRif [0].innerHTML;
```

Nell'esempio sopra, si genera una raccolta non di tutti gli elementi di tipo paragrafo nel documento, ma solo quegli elementi di paragrafo all'interno del div che ha un id pari a div2. Quindi scegli come target uno di quei paragrafi.

Un altro modo per trovare gli elementi all'interno del documento consiste nel cercarli sapendo l'esatta composizione del documento. Per far riferimento al tag <html> possiamo usare il seguente codice JavaScript:

```
document.childNodes[0].childNodes[1].childNodes[1].childNodes[1];
```

Ogni genitore è seguito da un punto, seguito dalla parola chiave childNodes. Ogni figlio è seguito da un numero tra parentesi proprio come nelle matrici. Poiché il valore restituito è un array, si farà riferimento al primo figlio con il numero 0.

Attenzione, questo approccio non è consigliato se hai in mente di modificare le pagine con frequenza. In questo caso, infatti, ogni modifica alla pagina rischia di compromettere la validità del tuo codice pertanto valuta bene quale approccio usare. Se sei insicuro ti consiglio di usare i metodi getElementById e getElementsByTagName per individuare gli elementi desiderati.

Conclusioni

Come abbiamo visto, JavaScript ha assunto un ruolo fondamentale nella programmazione Web, evolvendosi in continuazione. In questo ebook abbiamo esaminato le basi della programmazione in JavaScript, partendo dai valori e dalle variabili fino ad arrivare ai cicli, al DOM e a come è strutturata una pagina Web.

JavaScript non è un linguaggio molto elegante, tuttavia, è un linguaggio molto flessibile, ha un nucleo abbastanza elegante e consente di utilizzare una combinazione tra la programmazione orientata agli oggetti e la programmazione funzionale. Resta il neo dovuto alle differenze tra browser e per il DOM ed è questo il motivo per cui, di solito, è meglio fare affidamento su un framework piuttosto che usare solo JavaScript.

Nonostante i suoi difetti, si tratta di un linguaggio ampiamente utilizzato e con due grandi vantaggi. Innanzitutto, è documentato e supportato in modo eccellente, in secondo luogo, è molto usato quindi se stai cercando lavoro è un'ottima scelta.

JavaScript offre grandi potenzialità e, nonostante sia abbastanza longevo, ha davanti un grande futuro perché si evolve costantemente e c'è molta innovazione intorno a questo linguaggio. Infine, JavaScript è supportato da un'ampia coalizione di aziende quindi non viene controllata da una sola persona o azienda, favorendo la sua natura open source.